HUMILITY

겸손

KB192098

세계
기독교
고전

HUMILITY

겸손

앤드류 머레이 | 원광연 옮김

CH북스
크리스천
다이제스트

세계 기독교 고전을 발행하면서

한국에 기독교가 전해진 지 벌써 100년이 넘었습니다. 그동안 수많은 기독교 서적들이 간행되어 한국의 교회와 성도들에게 많은 공헌을 해 왔습니다. 그러나 기독교 역사 100년을 넘어선 우리의 교회와 성도들에게 더 큰 영적 성숙과 진정한 신앙을 심어주기 위해서는 가치있는 기독교 서적들이 많이 나와야 한다고 생각합니다. 그리하여 영혼의 양식이 될 수 있는 훌륭한 기독교 서적들이 모든 성도들의 가정뿐만 아니라 믿지 아니하는 가정에도 흘러 넘쳐야만 합니다.

믿는 성도들은 신앙의 성장과 영적 유익을 위해서 끊임없이 좋은 신앙 서적들을 읽고 명상해야 하며, 친구와 이웃 사람들의 구원을 위하여 신앙 서적 선물하기를 즐기고 읽도록 권해야 할 것입니다. 이것은 하나님의 백성으로서 살기 원하는 사람은 누구나 마땅히 해야 할 의무라고도 하겠습니다.

존 웨슬리는 "성도들이 책을 읽지 않는다면 은총의 사업은 한 세대도 못 가서 사라져 버릴 것이다. 책을 읽는 그리스도인만이 진리를 아는 그리스도인이다"라고 말했습니다. 우리는 이제 한국에서 최초로 세계의 기독교 고전들을 총망라하여 한국의 교회와 성도들에게 소개하고자 합니다. 전세계의 기독교 고전은 모든 기독교인들에게 영원한 보물이며, 신앙의 성숙과 영혼의 구원을 위하여 이보다 더 귀한 것은 없을 것입니다.

이러한 취지로 어언 2천여 년의 세월이 지나는 동안 세계 각국에서 저술된 가장 뛰어난 신앙의 글과 영속적 가치가 있는 위대한 신앙의 글만을 모아서 세계기독교 고전 전집으로 편찬하고자 합니다.

우리는 이 세계 기독교 고전 전집을 알차고, 품위있게 제작하여 오늘날 한국의 교회와 성도들에게 제공하고 후손들에게도 물려줄 기획을 하고 있습니다. 우리는 다시 한번 다니엘 웹스터가 한 말을 깊이 생각해 보아야 할 것입니다.

> "만약 신앙 서적들이 우리 나라 대중들에게 광범위하게 유포되지 않고, 사람들이 신앙적으로 되지 않는다면, 우리나라가 어떤 나라가 될지 걱정스럽다 … 만약 진리가 확산되지 않는다면, 오류가 지배할 것이요, 하나님과 그의 말씀이 전파되고 인정받지 못한다면, 마귀와 그의 궤계가 우세할 것이요, 복음의 서적들이 모든 집에 들어가지 못한다면, 타락하고 음란한 서적들이 거기에 있을 것이요, 우리나라에서 복음의 능력이 나타나지 못한다면, 혼란과 무질서와 부패와 어둠이 끝없이 지배할 것이다."

독자들의 성원과 지도 편달을 바라마지 않습니다.

CH북스

발행인 박명곤

차 례

앤드류 머레이의 생애

어린 시절 머레이의 "세계"는 두 대륙, 곧 아프리카와 유럽으로 이루어졌다. 그러나 궁극적으로 그의 설교와 가르침과 저술은 영적 각성과 부흥을 일으키는데 있어서 전 세계적으로 영향을 미쳤다.

앤드류 머레이는 1828년 남아프리카에서 네덜란드 개혁교회 가정에 태어났다. 열 살 때 그는 형과 함께 학교에 다니기 위해 배를 타고 스코틀랜드로 갔고, 10년 후에 목회를 하기 위해 남아프리카로 돌아오기 전에 신학 공부를 위해 네덜란드로 갔다.

처음에 머레이의 청년 시절은 새로운 경험이었다. 태도와 말투가 활기찬 이 젊은 설교자는 애정이 깃들어 있지만 다소 권위적인 어조로 설교하였고, 아주 넓은 지역을 아우르는 시골 교구를 돌아다니며 사역하면서 명성을 얻었다. 젊은 아내의 도움을 받아 30세 때 쓴 그의 첫 번째 책은 <어린이들을 위한 그리스도의 생애, Life of Christ for Children>였는데, 흩어져 있는 그의 교구민들을 위한 자료였다.

1860년에 그는 우스터(Worcester)에 있는 도시 근교의 교회를 맡았다. 머레이는 목사인 부친을 따라 남아프리카에 영적 각성이 일어나기를 수년 동안 기도하였다. 그러나 가까이 다가오고 있는 바람소리와 감정의 폭발이 수반되는 "부흥운동"이 그의 우스터 교구에서 일어났을 때, 그것이 부흥운동이라는 것을 깨닫지 못하였다. 그는 미국에 가서 당시 미국에서 일어나고 있던 부흥운동을 목격한 방문객에게 조언을 듣기 전까지는 "그 혼란"을 억누르려고 하였다.

<앤드류 머레이: 공인된 전기(傳記), Andrew Murray: The Authorized Biography>에서 리오나 초이(Leona Choy)는 말하기를, 부흥운동을 위한 머레이의 기도는 "자기 교인들을 위하는 것만큼이나 자신을 위한" 것이었다고 했다. 하나님께서 그의 기도에 응답하셨다. 좀 더 나이가 들었을 때 그는 자신의 경험에 대해 이렇게 간단히 썼다. "하나님께서는 우스터에서 내 설교와 함께 성령을 부어주셨다.……이루 말로 다할 수 없는 복이 내게 임하였다." 이 일이 있은 직후에 그는 예수님을 포도나무로 비유한 요한복음 15장에 기초하여 그의 걸작인 <그리스도 안에 거하라, Abide in Christ>라는 경건 서적을 썼다. 과거를 돌아보면서 머레이는 "그때는 내가 쓴 것을 전부 다 경험하지는 못했다"고 시인하였다. 그러나 이후로 계속해서 더 깊어지는, 그리스도와 함께 하는 삶을 경험하였다. 그는 자신이 성령으로 세례 받은 그 날을 구체적으로 언급하는 데는 별로 관심이 없었던 것 같다. 좀 더 나이가 들었을 때 또 그는 이렇게 썼다.

나는 성령으로 채워져야 할 그릇으로서 매일 하나님 앞에 엎

드려야 하는 것을 배웠다.……내가 날마다 배우고 있는 교훈이 한 가지 있다면, 그것은 "모든 것을 모든 사람 가운데서 이루시는 분은 바로 하나님"(고전 12:6)이시라는 것이다.

우리를 의롭다 하시고 또 거룩하게 하시며 우리에게 능력을 주어 봉사하게 하시는 분은 바로 하나님이시다.

지도자로서 머레이의 자질은 강단을 넘어서도 뚜렷하게 나타났다. 35세가 되기 전에 머레이는 교단의 노회장으로 선출되었다. 짧은 기간 목회하였던 케이프타운(Cape Town)에서는 진취적인 YMCA의 초대 회장이 되었다. 그리고 케이프타운보다 작은 도시인 웰링턴(Wellington)으로 가서는 <성경과 기도 연합, The Bible and Prayer Union>이라는 간행물을 발행하였다. 이 간행물은 자기 교인들을 위해 마련한 성경 읽기표와 경건 서적이었지만 나중에 가서는 교회 밖의 많은 사람들로부터도 구독 예약을 받게 되었다. 때맞춰 그는 여자 청년들을 위한 교사 훈련 학교를 시작하였는데, 이 학교는 현재 매사추세츠 주에 있는 마운트 홀리요크 대학(Mount Holyoke College)의 미국식 모델을 따라 만든 것이다. 또 남자 청년들을 선교사로 훈련시키는 기숙학교도 설립하였다. 더욱 놀라운 점은 그가 젊었을 때부터도 깊게 분열되어 있던 지역에서 교육과 선교에 대한 그의 비전이 계층이나 인종 혹은 정치적 신념에 전혀 개의치 않았다는 것이다.

머레이가 이따금 유럽과 미국을 여행하며 설교하였지만 그가 남긴 가장 큰 유산은 그의 저작들이었다. 그의 저작은 240권에 달하는 서적과 소책자들로 이루어져 있는데, 대체로 기독교 신자들을 대상으로 썼다. 그는 신자들에게 그리스도와의 역동적인 관계를 소개하고 그 관계에 들어가도록 인도한다. 그런 관계 안에는 성령께서 활동하신다. 그래서 마음을 그리스도께 드리면 성령께서 그 마음을 채우고 능력을 베풀어 신자로 하여금 거룩한 생활, 봉사의 생활을 계속할 수 있게 한다고 가르친다.

그의 책들 가운데 많은 저술들은 일련의 설교나 담화를 기초로 쓴 것이다. 그러나 만일 50대 초반에 사실상 2년 동안 거의 소리를 내지 못하게 만들었던, 원인을 알 수 없는 기관지 질환이 없었다면 그의 저작물의 수는 줄었을 것이다. 하나님의 섭리로 그는 그 시간을 저술하는데 사용하였다. 그리고 강제로 쉴 수밖에 없었던 이 고통스러운 단련의 시간을 통해서 그는 겸손을 이해하는 사람으로, 좀 더 친절하고 좀 더 온유한 머레이로 거듭났다. 그래서 결국 그는 1895년에 <겸손: 아름다운 거룩성, Humility: The Beauty of Holiness>이라는 제목으로 출판된 12개의 메시지를 통해 겸손을 깊이 다룬다. 80세 즈음에 이르러서 그는 겸손을 "피조물의 가장 고귀한 덕이자 모든 덕의 뿌리"라고 말한다. 그리고 반대로 "교만, 곧 이 겸손의 상실이 모든 죄와 악의 뿌리"라고 지적한다. 좀 더 나이가 든 머레이를 아는 사람들은 그의 행실의 열매를 보았다. 즉, 그의 생활에서 언행이 일치되게 살아온 사람에게서 나오는, 나이에 따른 권위가 풍겨 나오는 것을 느꼈다.

인생 후반기에 이르러서는 그의 저술들 가운데 많은 책이 성화와 기도에 초점이 맞추어졌는데, 기도 가운데서도 특별히 중보기도에 관심이 쏠렸다. 우리는 <완전한 순종, Absolute Surrender>에 나오는 "연설들을" 설명하면서 설교라는 단어를 사용할 수도 있을 것이다. 이 연설들 각각이 성경 본문과 연결되어 있고, 또 성경 본문을 해설하고 있기 때문이다. 이 설교들이 편집되는 과정에서, 각 장은 그 자체로 완전하면서도 서로에게 의존되어 있고, 머레이가 출처를 밝히지 않고 인용하는 찬송가에서 요약되는 주제를 볼 수 있는 통찰을 제공한다. (이 찬송가는 동시대인들에게 휘틀 소령[Major Whittle]으로 알려진 한 미국 복음전도자가 지은 것이다. 휘틀 소령은 미국 남북전쟁의 영웅으로서 그의 명성을 나타내는 직함이다.)

> 순간 순간 나는 주님의 사랑으로 보호받네.
> 순간 순간 나는 위로부터 생명을 얻네.
> 예수님을 보니 그 영광 찬란하네.
> 오 주님, 매 순간 나는 주의 것이네.

이 작은 책은 모두 머레이의 독자들, 곧 한 세기 후를 살고 있는 우리뿐 아니라 머레이와 같은 세대의 사람들에게도 우리 자신의 힘으로 할 수 있지 않고 내주하시는 성령의 힘으로만 가능한, 그리스도인의 덕을 나타내는 거룩한 생활을 하도록 요청한다.

앤드류 머레이 연보

1828년(1세): 부친이 목사로 시무하는, 남아프리카 그라프 라이넛(Graaff Reinet)에서 출생하였다.

1838년(10세): 앤드류와 형 존이 스코틀랜드로 보내어져 그곳에서 학교를 다녔다. 1840년 집으로 보낸 편지에서 신앙부흥운동들에 대해 이야기하였다.

1845년(17세): 두 형제 모두 애버딘 대학을 졸업하고 문학 석사 학위를 받았다.

1845-1848(17-20세): 네덜란드 위트레흐트(Utrecht)에서 계속 공부하였다. 앤드류는 1845년 11월 14일에 "거듭났다." 선교단(missionary band)을 설립하였는데, 이것이 후에 네덜란드 기독인 학생회(Netherlands Christian Students' Association)가 되었다. 두 사람은 1848년에 헤이그(Hague)에서 목사 안수를 받고 남아프리카로 돌아왔다.

1848년(20세): 뉴 오렌지 강 자치국(New Orange River Sovereignty)의 블룸폰테인(Bloemfontein)에 목사로 위임되었다.

1849-1852년(21-24세): 트란스발(Transvaal)에서 휴가 기간에 설교하였고, 1849년에 황열병(yellow fever, 黃熱病)에 걸려 6주 동안 거의 사경을 헤맸다.

1853-1854년(25-26세): 대영제국이 오렌지 강 자치국에서 철수하는 문제에 관하여 추밀원에 호소하기 위해 영국에 갔다. 의학적인 도움을 구했고, 의사의 권유로 인해 결국 유럽에 1년간 머물게 되었다. 남아프리카로 갈 목사, 교사, 교수들을 모집

하였다.

1855년(27세): 케이프타운(Cape Town)에서 러더퍼드(Rutherford)와 결혼했고, 블룸폰테인으로 돌아왔다.

1857년(29세): 케이프타운 총회에 참석하였고, 첫째 딸을 낳았다.

1858-1859년(30-31세): 교구 목사로서 그레이 공공학교(Grey College)를 시작하였고, <어린이들의 친구 예수, Jesus the Children's Friend>를 발행하였다.

1860년(32세): 우스터(Worcester)에 목사로 위임되었고, 우스터에서 네덜란드 개혁교회 회의(Dutch Reformed Conference)를 개최하였다.

1862년(34세): 총회장으로 선출되었다.

1864년(36세): <아이를 어떻게 양육할까, What Manner of Child Shall This Be>를 저술했다. 케이프타운에 있는 교회의 부목사로 초빙을 받았다. YMCA(Young Men's Christian Association)를 설립하였다.

1867년(39세): 바스 컨퍼런스(Bath Conference)에서 강연을 하였고, 강연문이 <복음주의 기독교계, Evangelical Christendom>에 실렸다. 크리스마스 만찬에 앞서 200명의 절도범들에게 설교하였다. 아버지 앤드류가 죽고, 동생 찰스가 그라프 라이넛에서 목사가 되었다.

1867년(39세): 케이프타운으로 돌아왔고, 13 편의 강연을 묶어 <현대의 불신앙, Modern Unbelief>으로 출판하였다.

1870년(42세): 케이프타운 교회 회중에게 헌정하는 저서, <나를 불쌍히 여기소서, Have Mercy on Me>를 출판하였다.

1871-1906년(43-78세): 주민 수 4천명의 웰링턴(Wellington)에 있는 교회의 청빙을 받아 목사로 시무하였다.

1872년(44세): 막내인 딸이 두 살 반의 나이에 죽었다.

1874년(46세): 미국에서 온 교사 두 명과 함께 40명의 여자 기숙학생들을 데리고 위그노 신학교(Huguenot Seminary)를 시작하였다.

1875년(47세): 50명의 여학생들에게 거처를 마련해 주기 위해 두 번째 건물을 지었다.

1876년(48세): 학교 운영 기금을 모으기 위해 두 달간 여행을 하였다.

1877년(49세): 선교사와 교사들의 자녀를 위한 기숙사를 운영하기 시작하였다. 2회 총회장으로 선출되었고, 에든버러(Edinburgh)에서 열린 전(全)장로교회 회의(Pan-Presbyterian Council)에서 교회 대표를 맡았다. 교사들을 새로 모집하기 위해 미국에 갔고, 보스턴에서 무디 신앙부흥운동에 참석하였다.

1882년(54세): <그리스도 안에 거하라, Abide in Christ>를 집필하였다.

1885년(57세): 머레이 부부가 6개월 간의 설교 여행을 다니는 중에 장남 하우슨(Howson)이 죽었다.

1891년(63세): <두 번째 축복, The Second Blessing>을 출판하였다.

1895년(67세): 잉글랜드 케직 사경회(Keswick Conventional Council meetings)에서 연설하였다. <완전한 순종, Absolute Surrender>을 출판하였다.

1898년(70세): 70세 생일과 목회 희년(ministerial jubilee)을 맞이하여 한 주간 축하행사를 가졌고, 명예 신학박사 학위를 받았다. 위그노 신학교는 그동안 학교에서 훈련받은 1천명의 교사들과 함께 개교 25주년 기념행사를 가졌다. 목회 희년을 기념

하는 행사로 프리스테이트 주(Free State, 남아프리카 공화국 중부에 위치한 주로, 주도는 블룸폰테인)를 여행하였는데, 머레이가 이곳에서 목회하는 동안에 시작한 네 회중이 있었다.

1899년(71세): 씨포인트 수용소(Sea Point Camp)에서 봉사하였는데, 전쟁 포로인 보어인들을 위해 하루 세 번 예배를 인도하였다. 몸이 쇠약해져서 아내와 두 딸과 함께 스위스로 갔고, 케직 운동의 "아버지"로 알려졌다.

1900년(72세): <하나님의 치료, Divine Healing>를 출판하였으나 후에 자신의 견해를 수정하였다.

1904년(76세): 케이프타운에서 열린 기독교 면려회의(Christian Endeavour Convention)에서 설교하였다.

1905년(77세): 훈련원(Training Institute)은 총회의 부속 기관이 되었고, 머레이는 마지막으로 총회에 참석하였다. 아내가 뇌졸중으로 사망하였다. 57년간의 목회를 끝내고 은퇴하여 이후에 원로 목사로 "클레르보"(Clairvaux)에서 생활하였다.

1908년(80세): 마지막으로 블룸폰테인에서 설교하였다. 목회 60주년 기념식을 가졌다.

1912년(84세): 스텔렌보쉬(Stellenbosch)에서 열린 목회자 컨퍼런스에서 전한 강연들이 <기도 생활, The Prayer Life>이라는 이름으로 출판되었다.

1916년(88세): 6월에 마지막으로 웰링턴에서 설교하였다. 돌아온 뒤에 새 책을 쓰기 시작하였다.

1917년(89세): 1월 18일에 죽었다.

머리말

우리로 하여금 겸손해지도록 강권하는 큰 동기가 세 가지가 있습니다. 겸손은 나를 사람으로서, 죄인으로서 또한 성도로서 강건하게 해줍니다. 첫째 동기는 천군 천사들에게서, 타락하지 않은 사람에게서, 그리고 인자가 되시는 예수님에게서 봅니다. 둘째 동기는 타락한 상태에 있는 우리에게 호소하며, 인간으로서의 본연의 위치로 돌아갈 수 있는 유일한 길을 지시해 줍니다. 그리고 셋째 동기에서는 은혜의 신비를 보게 됩니다. 곧, 구속의 사랑의 그 놀라운 위대함에 압도당할 때에 겸손이야말로 우리에게는 영원한 복락과 찬송의 완성이 된다는 사실을 가르쳐 주는 것입니다.

일상적인 교회의 가르침에서, 인간이 죄인이라는 사실만이 지나치게 전면에 부각되어온 것이 사실입니다. 그리하여 어떤 이들은 우리가 진정 겸손한 상태를 유지하기 위해서는 계속해서 죄를 지어야만 한다는 식의 극단적인 발언을 하기도 합니다. 또 어떤 이들은 강하게 자신을 책하는 것이 겸손을 유지하는 비결이라고 생각하기도 했습니다. 그리하여 그리스도인의 삶이 크게 손상을 당해 왔습니다.

인간이 아무것도 아닌 것이 되고 오직 하나님께서 만유가 되시는 것이야말로 가장 자연스럽고 가장 아름다우며 복된 것이라는 사실을 깨닫도록 하는 분명한 가르침이 신자들에게 없었기 때문입니다. 우리를 가장 겸손하게 만드는 것은 죄가 아니라 하나님의 은혜라는 사실이 분명하게 가르쳐지지 않았습니다. 우리가 죄악된 상태를 벗어나 창조주요 구속주이신 하나님의 그 놀라운 영광에 함께 참여한 바 되었다는 사실을 깨달을 때에, 비로소 우리가 하나님 앞에서 가장 낮은 자리를 취하게 되는 것입니다.

다음의 묵상에서, 저는 인간인 우리에게 합당한 겸손에 대해서만 주의를 집중하였습니다만, 그렇게 한 데에는 한두 가지 이유가 있습니다. 겸손과 죄의 상호 관계가 우리가 받은 모든 가르침에서 이미 충분히 드러나 있기 때문이기도 하거니와, 그리스도인의 충만한 삶을 위해서는 겸손의 다른 면을 좀더 드러낼 필요가 있다고 믿기 때문이기도 합니다. 예수님의 겸손이 정말로 우리의 모범이 되어야 마땅하다면, 우리로서는 그 겸손이 뿌리를 박고 있는 원리들을 깨달을 필요가 있습니다. 예수님을 닮은 우리와 예수님이 함께 서 있는 공동의 근거가 무엇인지를 알아야 할 필요가 있다는 말입니다.

우리가 정말로 겸손해지려면, 하나님 앞에서만이 아니라 사람들을 향해서도, 겸손이 진정 우리의 기쁨이 되려면, 겸손이 죄 때문에 생겨난 부끄러운 표지만이 아니라는 사실을 알아야 합니다. 겸손을 모든 죄와 상관이 없는 것으로 이해하여 천국의 아름다움과 복락, 그리고 예수님의 아름다움과 복락을 뒤덮고 있는 것으로 보아야 하는 것입니다.

앞으로 살펴보게 되겠지만, 예수님께서는 종의 형체를 취하시는 것에서 그의 영광을 찾으셨고, 또한 우리에게 말씀하시기를, "너희 중에 큰 자는 너희를 섬기는 자가 되어야 하리라"(마 23:11)고 하셨습니다. 이 말씀을 통해서 주님은 모든 사람의 종이 되며 모든 사람을 돕는 자가 되는 것만큼 거룩하고 귀한 일이 없다는 복된 진리를 가르쳐 주신 것입니다. 자기의 위치를 자각하고 있는 신실한 종은 주인이나 주인의 손님의 필요를 공급해 주는 데서 진정한 기쁨을 찾는 법입니다. 겸손이 후회보다 무한히 더 깊은 것임을 깨닫고 그 겸손을 예수님의 생명에 참여하는 것으로 받아들이면, 그 겸손이야말로 우리의 진정한 고결함이라는 것을 배우게 됩니다. 그리고 모든 사람의 종이 되는 것이야말로 하나님의 형상으로 창조함을 받은 인간으로서 우리가 이룰 수 있는 최고의 성취라는 사실을 깨닫게 될 것입니다.

제 자신의 신앙적 체험이나 세계에 퍼져 있는 그리스도의 교회를 돌이켜보면, 예수님의 제자로서 나타내야 할 가장 두드러진 특징인 겸손을 추구하는 노력이 우리 모두에게 얼마나 미약한지 정말 놀라게 됩니다. 설교와 삶에서, 가정 생활과 사회 생활의 일상적인 활동에서, 그리스도인들끼리 갖는 좀 더 특별한 교제에서, 그리스도를 위한 사역의 계획과 시행에서, 겸손이 핵심적인 덕목으로 존중을 받지 못하고 있다는 증거가 얼마나 많이 나타나는지 모릅니다.

하나님께로부터 받은 은혜들이 자랄 수 있는 유일한 뿌리로 인정하지도 않고, 예수님과의 참된 교제에 없어서는 안 될 한 가지 조건으로도 인정하지 않습니다. 거룩한 삶을 추구한다고 스스로 이야기하는 이들 가운데서도 겸손의 모습이 없는 경우가 많다는 사실을 볼 때에, 마음이 온유하고 겸손한 것이야말로 온유하고 겸손하신 하나님의 어린 양을 따르는 자에게서 나타나는 가장 주된 표지라는 사실을 우리 신실한 그리스도인 모두가 증명해 보여야 마땅한 것입니다.

제1장 겸손: 피조물의 영광

"이십사 장로들이 보좌에 앉으신 이 앞에 엎드려 세세토록 살아 계시는 이에게 경배하고 자기의 관을 보좌 앞에 드리며 이르되 우리 주 하나님이여 영광과 존귀와 권능을 받으시는 것이 합당하오니 주께서 만물을 지으신지라 만물이 주의 뜻대로 있었고 또 지으심을 받았나이다 하더라" — 계 4:10-11

우주를 창조하실 때에 하나님은 사람을 하나님의 완전하심과 복되심에 함께 참여하는 존재로 만드시며 또한 거기서 그의 사랑과 그의 지혜와 그의 능력을 보여 주시고자 하셨습니다. 하나님은 피조물들이 받아들일 능력이 있는 만큼 자신의 선하심과 영광을 그들에게 전해 주심으로써, 그들 속에 또한 그들을 통하여 자기 자신을 나타내시기를 원하셨습니다. 그러나 그렇다고 해서 하나님께서 사람이 자기 스스로도 소유할 수 있는 어떤 것을 그들에게 주셨다는 뜻은 아닙니다. 또한 사람이 자기 마음대로 운용할 수 있는 어떤 생명이나 선(善)을 하나님께서 주셨다는 뜻도 아닙니다. 절대로 그렇지 않습니다.

하나님은 영존하시고, 항상 임재해 계시고 항상 활동하시는 분으로서 그의 능력의 말씀으로 만물을 지탱시키시는 분이시요 또한 그 안에서 만물이 존재하는 그런 분이시므로, 사람이 하나님과 맺는 관계는 오로지 끊임 없이 절대적으로 보편적으로 그에게 의지하는 관계일 수밖에 없습니다. 하나님께서 진실로 그의 능력으로 창조하셨으니, 그 동일하신 능력으로 매 순간마다 지탱해 가시는 것입니다. 사람이 자기가 존재하게 된 연원을 되돌아보기만 해도, 자기의 모든 것이 하나님의 덕택이라는 것을 알게 됩니다. 지금은 물론 영원토록 사람의 최고의 관심사이며 최고의 덕성이요 사람의 유일한 행복이 되는 것은 바로 자기 자신을 하나님께 빈 그릇으로 드려서 하나님께서 그 속에 거하시고 그의 능력과 선하심을 드러내도록 하는 데 있는 것입니다.

하나님께서 베푸시는 생명은 그저 단 한 번에 주시고 마는 것이 아니라 그의 강력한 능력의 끊임없는 역사를 통하여 매 순간마다 계속해서 주시는 것입니다. 그러므로 본질적인 면에서 볼 때에, 하나님께 전적으로 의지하는 것, 즉 겸손이야말로 사람이 담당해야 할 첫째가는 의무요 최고의 덕(德)이며, 모든 덕의 뿌리인 것입니다.

이렇게 볼 때에, 이러한 겸손을 상실한 상태, 즉 교만은 바로 모든 죄와 악의 뿌리입니다. 타락한 천사들이 자기 만족에 빠져서 자기들을 높이게 되자 결국 불순종에 빠져서 하늘의 빛으로부터 바깥의 어둠 속으로 쫓겨나게 된 것입니다. 뱀이 교만이라는 독약을 — 하나님처럼 되고 싶은 욕망을 — 우리의 첫 조상의 마음에 불어넣었을 때, 그들 역시 그 높은 지위에서 타락하여 지금 우리가 빠져 허덕이고 있는 온갖 비참 속으로 떨어진 것입니다. 하늘에서나 땅에서나, 자기를 높이는 교만이야말로 지옥의 문이요 지옥의 저주인 것입니다.[1]

그러므로 우리의 잃어버린 겸손을 회복하는 것 이외에는 우리를 구속하여 하나님과의 본연의 진정한 교제에 들어가게 해 줄 수 있는 것이 아무것도 없습니다. 그러므로 예수께서 이 땅에 오신 것은 겸손을

---

1. 이 모든 것은 아무리 높고 고귀한 천사들이라도 교만으로 말미암아 타락하여 마귀가 될 수도 있으며 또한 타락한 인간이라도 겸손으로 말미암아 천사의 보좌에 올라갈 수 있다는 것을 알게 하기 위한 것이다. 그러므로 하나님께서 타락한 천사인 사탄의 나라에서 새로운 피조물들을 일으키신 것은 바로 이러한 큰 목적을 위한 것이다. 그렇기 때문에 하나님의 어린 양의 겸손이 타락한 천사들의 정욕과 교만을 대적하여 싸우고 있다. 여기서 마지막 나팔이 크게 울려서 위대한 진리를 영원토록 선포할 것이다. 악의 시초는 교만 이외에 다른 것이 없고, 악의 종말도 겸손 이외에 다른 것이 없다는 진리를 말이다.

교만이 우리 속에서 죽어야 한다. 그렇지 않으면 천국이 우리 속에 거할 수가 없다. 진리의 깃발을 들고서 거룩하신 예수님의 온유하고 겸손한 마음에 여러분 자신을 드리기를 바란다. 겸손이 씨앗을 뿌려 놓아야지, 그렇지 않으면 천국에서 아무것도 거둘 수가 없다. 교만을 그저 사람에게 합당하지 않는 태도로 본다거나, 겸손을 그저 점잖은 덕성으로만 보아서는 안 된다. 교만은 죽음이요, 겸손은 생명이다. 교만은 완전히 지옥이요, 겸손은 완전히 천국이다.

여러분 속에 교만이 있는 그만큼, 타락한 천사가 여러분 속에 살고 있는 것이다. 참된 겸손이 있는 그만큼, 하나님의 어린 양이 여러분 속에 계신 것이다. 교만이 여러분의 영혼을 부추겨 저지르는 온갖 일들을 보게 된다면, 손이나 눈 하나를 잃어버려도 괜찮으니 제발 그 독사를 찢어서 물리칠 수 있는 방책을 달라고 애걸하게 될 것이다. 그리고 겸손 속에 있는 그 놀라운 변화의 능력을 보게 되면, 그것이 여러분의 본성 가운데 있는 독소를 제거하여 하나님의 성령께서 여러분 속에 거하시도록 만든다는 것을 분명히 알게 되면, 그 겸손을 조금이라도 잃기보다는 차라리 세상의 발등상이 되고 싶어할 것이다.

다시 회복시키시고 우리로 하여금 겸손을 소유하게 하시며, 그리하여 우리를 구원하시기 위함이었던 것입니다. 하늘에서 주님은 자신을 낮추사 사람이 되셨습니다. 우리가 그에게서 보는 겸손을 그는 하늘에서부터 이미 소유하고 계셨습니다. 그 겸손이 그를 하늘에서 땅으로 내려오게 했고, 또한 그가 겸손을 가지고 그리로부터 오신 것입니다. 여기 이 땅에서 예수님은 "자기를 낮추시고 죽기까지 복종"하셨습니다(빌 2:8).

예수님의 겸손이 그의 죽으심에 그 고유한 가치를 부여하였고, 그렇게 해서 그의 죽으심이 우리의 구속이 된 것입니다. 자, 주님이 베푸시는 구원이란 다른 것이 아닙니다. 바로 자기 자신의 삶과 죽음을, 자기 자신의 기질과 정신을 전달해 주는 것입니다. 주님 자신의 겸손이 하나님과 그의 관계, 그리고 그의 구속 사역의 근거요 뿌리가 된 것입니다. 예수 그리스도께서는 그의 완전한 겸손의 삶을 통해서 인간의 운명을 당하시고 이루신 것입니다. 그의 겸손이야말로 우리의 구원이요, 그의 구원은 바로 우리의 겸손인 것입니다.

따라서, 구원받은 성도들의 삶은 마땅히 죄에서 구원받아 본연의 상태를 완전히 회복했다는 증표를 드러내 보여야 합니다. 하나님과의 관계나 사람과의 관계나 가릴 것 없이 모든 관계가 이처럼 모든 방면에 미치는 겸손을 통해서 그 모습을 드러내야 마땅한 것입니다. 이것이 없이는 하나님의 임재 속에 거하는 것도, 하나님의 자비를 체험하는 일도, 성령의 능력을 체험하는 일도 있을 수가 없습니다. 이것이 없이는 영구히 지속되는 믿음도 사랑도 기쁨도 강건함도 있을 수가 없습니다. 겸손이야말로 은혜가 뿌리를 내리는 유일한 토양입니다. 그러므로 겸손이 없다는 것만으로도 온갖 결점과 실패에 대한 충분한 설명이 되는 것입니다.

겸손은 이런저런 여러 가지 은혜나 덕성 가운데 하나가 아닙니다. 그것은 모든 것의 뿌리입니다. 왜냐하면 오직 겸손만이 하나님 앞에서 바른 태도를 갖게 하며, 하나님께서 모든 일을 행하시도록 하나님을 하나님으로 인정하기 때문입니다. 하나님은 우리에게 이성에 대한 감각을 주셨습니다. 그렇기 때문에, 하나님의 계명의 진정한 본질에 대해서 또는 그 절대적인 요구에 대해서 진정으로 깨닫고 생각하면 할수록 그만큼 더 그 계명에 대해 우리의 순종을 드릴 준비를 갖추게 되는 것입니다.

교회 안에서 겸손에 대한 요청을 너무도 가볍게 여겨왔습니다만, 이는 겸손의 진정한 본질과 그 중요성을 너무도 깨닫지 못했기 때문입니다. 겸손이란 우리가 하나님께 가져다드리거나 혹은 하나님이 우리에게 베푸시는 것이 아닙니다. 그것은 그저 **우리가 전적으로 아무것도 아니라는 의식입니다. 그리고 이런 의식은 하나님이 과연 만유시라는 것을 바라볼 때에 생겨나는 것이요, 하나님께서 만유가 되심을 인정하는 것이 바로 그런 의식 가운데서 되는 것입니다.**

이것이 참으로 고귀한 것임을 사람이 깨달아야 합니다. 그리하여 자기의 뜻과 생각과 감정을 총동원하여, 하나님의 영광이 역사하며 또한 그 영광이 밝히 드러나는 도구와 그릇이 되기를 기꺼이 바라야 마땅한 것입니다. 그렇게 할 때에 비로소, 겸손이란 바로 사람이 사람으로서의 진정한 위치를 시인하는 것이요, 또한 하나님의 합당한 그 지극히 높은 위치를 인정하며 그것을 그에게 돌려드리는 것이라는 사실을 알게 되는 것입니다.

거룩을 추구하고 고백하는 신실한 그리스도인의 삶에서는 겸손이 그들의 의로움을 보여주는 첫째가는 표지가 되어야 마땅합니다. 그런데 그렇지 않다는 말을 자주 듣습니다만, 그 한 가지 이유는 겸손이 다른 무엇보다도 중요한 것인 데도 불구하고 교회의 가르침과 모범에서 겸손이 한 번도 그런 중요한 위치를 차지해 본 적이 없기 때문일 것입니다.

그것은 다음과 같은 사실을 소홀히 한 데서 오는 결과입니다. 곧, 죄가 겸손의 강력한 한 가지 동기이기는 하지만 그러나 겸손에는 그보다 훨씬 더 넓고 강력한 동기가 있다는 사실 말입니다. 천사들을 겸손하게 만들고, 예수님을 겸손하게 만들며, 하늘에 있는 거룩한 성도들을 그렇게 겸손하게 만든 더 크고 강력한 동기가 따로 있는 것입니다. 그 동기란 바로, 사람이 하나님과 관계를 맺고 있다는 첫째가는 최고의 증표가, 그의 복된 상태의 비결이 바로 겸손이요, 또한 하나님께서 자유로이 만유가 되시도록 내가 아무것도 아님을 인정하는 것인 것입니다.

이 점에 있어서 저의 경험과 아주 흡사한 경험을 해왔다고 고백할 분들이 많이 계실 것입니다. 곧, 우리가 오랫동안 주님을 알아오면서도, 마음이 온유하고 겸손한 것이 주님의 분명한 특질이었듯이 그를 따르는 제자에게서도 그것이 분명한 특질로 드러나야 한다는 것을 깨닫지 못했다는 것 말입니다. 그러한 겸손은 저절로 생겨나는 것이 아닙니다. 그것을 소원해야 하고, 그것을 위하여 기도해야 하고, 믿고 실천해야 하는 것입니다. 성경 말씀을 공부하다 보면, 예수님께서 제자들에게 바로 이 점에 대해서 얼마나 구체적으로 거듭거듭 교훈하셨으며, 또한 그런데도 제자들은 얼마나 주님의 가르침의 의미를 더디 깨달았는지를 보게 됩니다.

자, 여러분, 애초부터 한 가지를 인정하고 들어갑시다. 곧, 교만처럼 사람에게 자연스러운 것이 없고, 그처럼 간교하여 우리의 눈에 감추어진 것이 없고, 그것만큼 어렵고 위험한 것이 없다는 사실을 말입니다. 자, 우리에게 겸손의 은혜가 얼마나 부족하며, 또한 우리가 구하는 그 겸손의 은혜를 얻기에 우리가 얼마나 연약한가를 밝히 드러나게 해줄 수 있는 것은, 오직 마음을 굳게 하고 인내를 갖고 하나님과 그리스도를 바라보는 것밖에 다른 도리가 없다는 사실을 함께 깨닫도록 해야 하겠습니다.

우리의 심령에 그리스도의 겸손에 대한 사랑과 사모함이 가득 채워질 때까지 그리스도의 성품을 공부하도록 합시다. 그리고 우리의 교만을 깨닫고, 또한 그것을 물리치지 못하는 우리의 무능력을 깨닫고, 주님 앞에 우리의 어쩔 수 없는 연약함을 내어 놓을 때에, 예수 그리스도께서 친히 이 겸손의 은혜를 우리 속에서 역사하는 그의 놀라운 생명의 일부로 우리에게 베풀어 주시리라는 것을 함께 믿어야 하겠습니다.

제2장 겸손: 구속의 비밀

> "너희 안에 이 마음을 품으라 곧 그리스도 예수의 마음이니 그는 … 자기를 비워 종의 형체를 가지사 사람들과 같이 되셨고 사람의 모양으로 나타나사 자기를 낮추시고 죽기까지 복종하셨으니 곧 십자가에 죽으심이라 이러므로 하나님이 그를 지극히 높여 모든 이름 위에 뛰어난 이름을 주사" — 빌 2:5, 7-9

뿌리와 이어져 있지 않으면 나무는 자랄 수가 없습니다. 그리고 나무를 생겨나게 한 그 씨앗 속에 있는 생명과 함께라야만 나무가 살 수 있는 법입니다. 이 진리를 첫째 아담과 둘째 아담에게 적용시키면, 예수님 안에 있는 구속의 필요성과 본질을 이해하는 데 큰 도움을 얻을 수 있습니다.

먼저, **구속의 필요성**입니다. 옛 뱀이 — 자기의 교만 때문에 하늘에서 쫓겨났으며 마귀로서 교만을 본질로 삼고 있는 그가 — 하와의 귀에 유혹의 말을 속삭였습니다만, 그의 말 속에는 지옥의 독(毒)이 함께 들어 있었습니다. 하와는 그 말을 듣고 하나님처럼 되고 싶은 — 선과 악을 알고 싶은 — 욕망과 의지에 자신을 굴복시켰습니다만, 이때 그 독이 하와의 영혼과 피와 생명 속에 들어갔습니다. 그로 인하여 그 복된 겸손과 하나님을 의지하는 것이 영원히 파괴되어 버렸습니다. 그런 일이 없었더라면 겸손과 하나님을 의지하는 것이 우리의 영원한 행복이 되었을 텐데 말입니다. 그리하여 하와의 삶과 또한 하와에게서 나게 되는 온 인류의 생명이 온갖 끔찍한 죄악과 온갖 무서운 저주로 그 뿌리부터 완전히 부패해 버렸습니다. 곧, 사탄의 본질인 교만의 독으로 그렇게 되어 버린 것입니다.

이 세상에 온통 가득 차 있는 온갖 비참한 상태가 바로 우리 자신의, 혹은 다른 이들의 이 저주받은 지옥의 교만에서 비롯된 것입니다. 국가들 간의 저 끔찍한 전쟁과 피흘림, 온갖 이기적인 행위와 고통, 온갖 야망과 질투, 상한 마음과 쓰라린 삶, 그리고 날마다 생겨나는 불행은 모두가 이 악한 교만의 결과로 생겨난 것들입니다.

그 교만이 구속을 필요하게 만든 것입니다. 우리가 구속을 필요로 하게 된 것이 무엇보다도 바로 우리의 교만 때문이라는 것입니다. 그리고 구속의 필요성을 깨닫느냐 하는 것은 우리의 존재 속에 들어온 그 권세의 무서운 본질을 이해하는 데에 달려 있는 것입니다.

사탄이 지옥에서 가져와서 사람의 삶 속에 던져 넣은 권세가 날마다 — 시간마다 — 엄청난 힘으로 세상 전체에서 역사하고 있습니다. 사람들이 그것으로 인하여 고통을 당합니다. 그것을 두려워하고 그것과 싸우며 그것에서 피하려 합니다. 그러나 사람들은 그것이 어디서 오며 그것이 어디서 그런 무서운 힘을 갖게 되었는지를 전혀 알지를 못합니다. 과연 어디서 어떻게 그것을 극복하여야 할지를 모르는 것이 전혀 무리가 아닙니다.

교만의 뿌리와 그 엄청난 힘은 우리의 내부에도 있고 우리의 외부에도 있는 무서운 영적 권세에서 비롯됩니다. 우리는 교만을 고백해야 하며, 탄식해야 하며, 또한 그 사탄적 기원을 경계해야 합니다. 그렇게 하다보면 그 교만을 도저히 정복할 수도, 몰아낼 수도 없다는 절망감에 빠질 수도 있습니다.

그러나 동시에, 우리의 유일한 구원의 초자연적 능력이신 하나님의 어린 양의 구속으로 인도함을 받게 되는 것입니다. 그 모든 것 배후에 어둠의 권세가 있다는 생각을 하게 되면, 자아와 교만의 역사에 대항하여 싸우는 희망 없는 싸움이 더욱더 희망을 잃어버릴 수도 있습니다. 그러나 결국에 가서는 우리들 외부에서 오는 능력과 생명을 더 잘 깨닫고 또한 그것을 받아들이게 될 것입니다. 곧, 하늘의 겸손 말입니다. 하나님의 어린 양이 사탄과 교만을 몰아내기 위하여 가지고 오시는 그 겸손을 받아들이게 된다는 말입니다.

첫째 아담과 그의 타락을 바라보며 우리 속에 있는 죄의 권세를 알 필요가 있듯이, 둘째 아담도 잘 알아야 하고, 또한 우리 속에 겸손의 생명을 주시는 그분의 능력도 잘 알아야 하는 것입니다. 그가 주시는 겸손도 교만만큼이나 지속적이며 우리를 지배하는 것입니다. 아담에게서 생명을 받아 그 안에서 생명을 연장하고 있듯이, 아니 그보다 훨씬 더 진정한 의미에서, 우리는 그리스도로부터 생명을 받고 또한 그리스도 안에서 그 생명을 누리고 있는 것입니다. 우리는 "그 안에 뿌리를 박으며"; "온 몸이 머리로 말미암아 마디와 힘줄로 공급함을 받고 연합하여 하나님이 자라게 하시므로 자라"는 바 그 머리를 붙들어야 하는 것입니다(골 2:7, 19).

그리스도의 성육신을 통해서 인간의 본성에 들어온 하나님의 생명이 바로 우리가 그 안에 서서 자라야 할 뿌리입니다. 성육신 때에 역사했고 그 이후 부활에서도 역사했던 그 동일한 전능한 능력이 우리 안에서 날마다 역사하는 것입니다. 우리에게 한 가지 필요한 것은 그리스도 안에서 나타난 그 생명을 이제 우리의 생명으로 알고 공부하고 신뢰하는 일입니다. 그 생명이 우리의 존재 전체를 소유하고 주장하기 위해서는 우리의 동의가 있어야 하기 때문입니다.

이렇게 볼 때에, 그리스도가 누구신지를 올바로 깨닫는 것이야말로 얼마나 중요한 일인지 모릅니다. 그리스도가 어떤 분이신지, 그리고 특히 그의 주요 특징이라 할 만한 것들이 무엇인지를 — 우리의 구속주이신 그분의 모든 성품의 뿌리와 본질을 — 올바로 깨달아야 하는 것입니다. 이에 대해서는 오로지 한 가지 대답밖에는 없습니다. 곧, 그분의 겸손입니다. 성육신이란 무엇입니까? 그것은 그가 보이신 하늘에 속한 겸손이요, 자기 자신을 비운 것이요, 사람이 되신 것 이외에 무엇이겠습니까? 그의 지상 생애 역시 겸손이 아니고 무엇이었습니까?

종의 형체를 취하신 것이 그의 지상 생애가 아니었습니까? 그리고 그의 속죄 사역 역시 겸손이 아니고 무엇이겠습니까? 그리스도는 "자기를 낮추시고 죽기까지 복종"하셨습니다. 그리고 그의 승천과 영광은 무엇입니까? 그의 겸손이 보좌에 올라 영광의 면류관을 쓴 것이 아니고 무엇입니까? 그가 자기를 낮추셨으니 하나님께서 그를 지극히 높이신 것이 아닙니까?

아버지와 함께 계시던 하늘에서나, 탄생에서나, 지상 생애에서나, 죽으심에서나, 보좌 위에 앉으심에서나, 그리스도는 오직 겸손뿐이십니다. 그리스도는 인간의 모습으로 구현된 하나님의 겸손이십니다. 그는 우리를 얻고 섬기고 구원하기 위해서 자신을 낮추신 영원하신 사랑이요, 친히 온유와 겸손으로 옷입으신 것입니다. 하나님의 사랑과 낮추심이 그리스도를 모든 이들에게 자비를 베풀며 돕는 종이 되게 하셨으므로, 예수님은 육체를 입으신 겸손이시며 또한 언제나 그러실 것입니다. 심지어 보좌에 앉아 계시면서도, 그는 온유하고 겸손한 하나님의 어린 양이신 것입니다.

겸손이 나무의 뿌리라면, 그 나무의 모든 가지와 잎사귀와 열매에서도 그 겸손의 본질이 반드시 드러나게 마련입니다. 겸손이 예수님의 삶의 첫째가는 전포괄적인 은혜요 그의 속죄의 비결이라면, 우리의 영적 삶의 건강과 강건함은 전적으로 이 첫째가는 은혜로 옷을 입느냐에 달려 있을 것입니다. 그러므로 우리는 겸손을 그리스도에게서 흠모하는 최고의 것으로 삼아야 하겠고, 그에게 간구하는 가장 절실한 것으로 삼아야 하며 다른 모든 것들을 희생해서라도 얻기를 구할 만큼 그것을 귀하게 여기고 사모해야 할 것입니다.[2]

그리스도의 삶의 뿌리를 소홀히 하며 그것을 알지 못하고 있으니, 그리스도인의 삶이 그토록 연약하고 열매가 없는 것은 오히려 당연한 일이 아니겠습니까? 그리스도께서는 겸손으로 구원을 이루셨는데, 그 겸손을 구하지 않으니 구원의 기쁨을 거의 느끼지 못하는 것이 과연 이상한 일이겠습니까? 자기 자신이 종말을 고하고 자기 자신이 죽는 그런 겸손을 구해야 합니다. 예수님이 하신 것처럼 인간의 모든 명예를 버리고 오직 하나님께로부터 오는 명예를 구하는 그런 겸손을 구

---

2. 두 가지 사실을 알아야 한다. 첫째는 우리의 구원은 전적으로 우리들 자신에게서, 혹은 우리의 죄악된 본성에게서 자유함을 입는 것이라는 사실이며, 둘째는 본질상 이러한 구원이 될 수 있는 것은 오직 말로 표현할 수 없는 하나님의 겸손 이외에는 없다는 사실이다. 그러므로 구주께서는 타락한 인간에게 "사람이 자기를 부인하지 않고서는 내 제자가 될 수 없다"(마 16:24)는 것을 첫째가는 불변의 조건으로 제시하신 것이다. 여기서 '자기'란 타락한 본성의 모든 악을 포괄하는 말이다. 그러므로 자기를 부인하는 것이야말로 구원받는 것이다. 겸손이 우리의 구주이다. '자기'는 우리의 타락한 상태에서 나오는 온갖 악의 뿌리요 가지요 나무다. 타락한 천사와 타락한 인간의 모든 악행은 자기의 교만에서 나온 것이다. 반면에, 천국의 모든 덕(德)은 바로 겸손의 덕이다. 천국과 지옥 사이에 건널 수 없는 간격을 만들어 놓는 것이 바로 겸손이다. 그러면 영생을 얻기 위한 싸움이란 무엇인가? 그것은 전적으로 교만과 겸손이 서로 싸우는 것이다. 교만과 겸손이 큰 세력이 되어 사람을 영원토록 소유하려고 서로 싸우는 것이다.

"과거에나 미래에나 오직 한 가지 겸손밖에는 없으니 곧 그리스도의 겸손이다. 그리스도께로부터 모든 것을 얻기까지 교만과 자아가 사람을 장악하고 있다. 그러므로 그에게 생명을 가져온 그리스도의 초자연적인 겸손으로 아담에게서 물려받은 자기를 섬기는 본성을 죽이기 위해 싸우는 자만이 선한 싸움을 싸우는 것이다." — 윌리엄 로(William Law).

해야 합니다. 자기 자신을 절대로 무(無)로 돌려서 하나님이 만유가 되시게 하며, 그리하여 주님만이 높임을 받으시도록 하는 그런 겸손을 구해야 하는 것입니다. 우리가 가장 기뻐하는 것보다도 그리스도 안에 있는 겸손을 더 구하고, 어떠한 값을 치르고서라도 그 겸손을 환영하게 되기 전에는, 기독교가 세상을 정복할 희망은 거의 희박한 것입니다.

소위 그리스도의 자녀라 일컫는 주변의 사람들 가운데서 하나님의 어린 양의 온유하고 겸손한 정신을 얼마나 볼 수 있습니까? 사랑이 없어서 다른 이들의 요구와 느낌과 연약함에 대해 무관심하며, 정의와 정직을 핑계로 온갖 날카롭고 성급한 판단과 언어로 상처를 주며, 감정을 자극하여 쓰라린 싸움과 갈등이 생겨나는 예가 얼마나 많습니까? 이 모든 것의 뿌리는 바로 교만에 있습니다. 교만은 오로지 자기 자신만을 구하는 것입니다.

마귀가 가져다주는 교만이 거의 모든 곳에 스며들고 있습니다. 그러나, 신자들이 끝까지 예수님의 겸손으로 말미암아 인도함을 받게 된다면, 과연 어떻게 되겠습니까? 오, 예수님의 겸손이 제 자신에게도, 제 주위의 모든 사람들에게도 있다면 얼마나 좋을까요! 그리스도의 삶에서 드러난 겸손이 우리에게 없다는 사실을 정직하게 받아들이고 안타까워 해야 마땅할 것입니다. 그럴 때에 비로소 그리스도와 그가 베푸신 구원이 과연 무엇인지를 느끼기 시작하게 될 것입니다.

신자들이여! 예수님의 겸손을 배우십시다. 이것이 바로 여러분의 구속의 비결이요 감추어진 뿌리입니다. 날마다 더욱 깊이 그 속에 잠기십시오. 하나님께서 우리에게 보내신 그리스도께서 우리 속에서 역사하사 아버지께서 원하시는 그런 사람들로 만드시리라는 것을 온 마음으로 믿으시기를 바랍니다.

제3장 예수님의 삶에 나타난 겸손

"나는 섬기는 자로 너희 중에 있노라" — 눅 22:27

요한복음을 보면, 우리 주님의 내적 삶의 모습이 나타나고 있습니다. 예수님은 자신과 아버지의 관계에 대해서, 자신이 아버지의 인도를 받으시는 동기들에 대해서, 그리고 자신에게 역사하는 능력과 정신에 대한 의식에 대해서 자주 말씀하고 계시기 때문입니다. 비록 **겸손**이라는 단어는 기록되어 있지 않으나, 성경에서 요한복음만큼 예수님의 겸손이 분명하게 드러나 있는 곳도 없습니다.

앞에서 이미 말씀드렸거니와, 이 겸손이라는 은혜는 사실상 하나님께서 만유가 되시도록 거기에 사람이 동의하는 것에 지나지 않습니다. 그렇게 동의함으로써 사람은 하나님이 홀로 역사하심에 전적으로 굴복하는 것입니다. 그런데 바로 예수님에게서 이런 모습을 보게 됩니다. 하늘에서는 하나님의 아들로서, 이 땅에서는 사람으로서, 예수님은 전적으로 하나님께 굴복하신 것입니다. 그는 하나님께서 의당 받으셔야 마땅한 존귀와 영광을 하나님께 돌려드리셨습니다. 주님은 "자기를 낮추는 자는 높아지리라"(눅 18:14)는 교훈을 자주 주셨습니다만, 그는 이 교훈을 몸소 그대로 이루신 것입니다. 빌립보서에 기록되어 있는 것처럼, 그는 "자기를 낮추시고 죽기까지 복종하셨으니 … 이러므로 하나님이 그를 지극히 높여 모든 이름 위에 뛰어난 이름을 주신" 것입니다(빌 2:8-9)

요한복음에 나타난 주님의 말씀에 귀를 기울여 보십시다. 주님은 아버지와 자신의 관계에 대해 말씀하시면서, 자기 자신에 대해서 계속해서 "아니요"라는 부정적인 표현을 쓰고 계십니다. 사도 바울이 그리스도와 자신의 관계를 말씀하면서 "내가 아니라"(not I)는 표현을 씁니다만, 그리스도께서도 자신과 아버지의 관계를 그와 똑같은 자세로 말씀하고 계신 것입니다.

"아들이 … **아무것도** 스스로 할 수 **없나니**"(요 5:19).

"내가 **아무것도** 스스로 할 수 **없노라** 듣는 대로 심판하노니 나는 나의 뜻대로 하려 하지 않고 나를 보내신 이의 뜻대로 하려는 고로 내 심판은 의로우니라"(요 5:30).

"나는 사람에게 영광을 취하지 **아니하노라**"(요 5:41).

"내가 하늘로서 내려온 것은 내 뜻을 행하려 함이 **아니요**"(요 6:38).

"내 교훈은 내 것이 **아니요**"(요 7:16).

"내가 스스로 온 것이 **아니로라**"(요 7:28).

"내가 스스로 아무것도 하지 **아니하고**"(요 8:28).

"나는 스스로 온 것이 **아니요** 아버지께서 나를 보내신 것이니라"(요 8:42).

"나는 내 영광을 구하지 **아니하나**"(요 8:50).

"내가 너희에게 이르는 말은 스스로 하는 것이 **아니라**"(요 14:10).

"너희가 듣는 말은 내 말이 **아니요**"(요 14:24).

이 말씀들은 그리스도의 삶과 사역의 가장 깊은 뿌리가 어디에 있는지를 보여 줍니다. 여기서 우리는 전능하신 하나님께서 어떻게 해서 주님을 통해서 그 놀라운 구속의 사역을 이루실 수 있으셨는지를 잘 볼 수 있습니다. 여기서 우리는 그리스도께서 아버지의 아들로서 합당한 마음 자세를 갖는 것을 얼마나 중요하게 여기셨는지를 알 수 있습니다. 그리스도께서 이루시고 우리에게 전해 주시는 그 구속의 본질과 생명이 과연 무엇인지를 배우게 되는 것입니다.

그리스도는 아무것도 아니셨고, 하나님께서 만유가 되셨습니다. 그는 자신의 뜻과 자신의 권능을 전적으로 포기하셨고, 그리하여 오직 아버지께서 자기 속에서 일하시도록 하신 것입니다. 자기 자신의 권능과 뜻과 자신의 영광과 자신의 사역과 가르침에 대해서 주님은, "그것은 내가 아니니라. 나는 아무것도 아니니라. 나는 아버지께서 일하시도록 나 자신을 아버지께 다 드렸노라. 나는 아무것도 아니요, 아버지께서 만유이시니라"고 말씀하신 것입니다.

그리스도는 이러한 전적인 자기 포기와 아버지의 뜻에 대한 절대적인 굴복과 의존의 삶이야말로 완전한 평화와 기쁨의 삶임을 발견하셨습니다. 하나님께 이렇듯 모든 것을 드리셨지만, 그는 아무것도 잃으신 것이 없습니다. 아버지께서 그리스도의 신뢰를 존귀히 여기셔서 그를 위하여 모든 일을 행하셨고, 그리고는 그를 영광 가운데 자기의 오른편에 높이 올리셨기 때문입니다. 그리스도께서 그처럼 하나님 앞에서 자기를 낮추셨고 또한 하나님께서 언제나 그의 앞에 계셨기 때문에, 그는 사람들 앞에서도 자기 자신을 낮추실 수 있으셨습니다. 모든 사람의 종이 되실 수 있으셨던 것입니다. 그의 겸손은 다른 것이 아니라 자기 자신을 하나님께 굴복시켜서 아버지로 하여금 그가 원하시는 대로 — 사람들이 자기에게나 아버지에 대해서 무어라고 하든 상관 없이 — 자기 속에서 행하시도록 하는 데 있었던 것입니다.

그리스도께서 이루신 구속이 그 고귀함과 효능을 지니는 것은 그가 바로 이런 정신으로, 이런 마음과 기질로 그 일을 이루셨기 때문입니다. 우리가 그리스도와 함께 참여한 자가 된다는 것은 바로 이러한 정신과 기질을 갖는 것을 의미합니다. 우리 구주께서는 우리에게 바로 이러한 진정한 자기부인을 촉구하시는 것입니다. 곧, 자기 자신이 하나님께서 채워 주셔야 할 빈 그릇 이외에 아무것도 아니라는 것을 깨닫고 인정하는 것입니다. 또한 자기 스스로 무엇이 되었다거나 무엇이 되어야 한다는 따위의 생각을 한 순간도 허용하지 않는 것입니다. 예수 그리스도를 닮는다는 것은 다른 무엇보다도 바로 여기에 있습니다. 하나님께서 만유가 되시도록 우리 자신은 아무것도 아닌 존재가 되며, 또한 아무것도 스스로 행하지 않는 것입니다.

진정한 겸손의 뿌리와 본질이 바로 여기에 있는 것입니다. 이러한 뿌리와 본질을 깨닫거나 구하지 않기 때문에 우리의 겸손이 그렇게도 깊이가 없고 그렇게도 약한 것입니다. 예수님께 배워야 하겠습니다. 그가 얼마나 마음이 온유하고 겸손하신지를 보아야 하겠습니다. 예수님께서는 참된 겸손이 어디에서 솟아나고 어디에서 그 힘을 찾는가를 가르쳐 주십니다. 곧, 만유 안에서 모든 일을 행하시는 분이 바로 하나님이시요, 따라서 우리로서는 하나님께 완전히 굴복하고 의지하며 우리 자신이 아무것도 아님을 충만히 인정할 따름이라는 것을 아는 그런 지식에서 참된 겸손이 솟아나오고, 또한 그 힘이 찾아진다는 것입니다. 이것이야말로 그리스도께서 오셔서 밝히 드러내시고 또한 우리에게 심어 주시는 삶입니다. 곧, 죄와 자기 자신에 대해서 죽음으로 말미암아 하나님 안에 거하는 삶 말입니다.

이러한 삶이 우리에게는 너무 높아 보이고 우리가 도저히 이룰 수 없는 것처럼 느껴지더라도, 우리로서는 더욱더 열심히 그리스도 안에서 그 삶을 구해야 할 것입니다. 우리 속에 거하시는 그리스도께서 우리 속에서 이러한 겸손하고 온유한 삶을 사실 것입니다. 이것을 사모한다면, 다른 무엇보다도 매 순간마다 만유 안에서 모든 일을 하시는 하나님의 본성을 아는 거룩한 비밀에 대해 깨닫기를 구해야 하겠습니다. 곧, 자기가 아무것도 아니요 오로지 살아 계신 하나님께서 그의 지혜와 능력과 선하심을 풍성하게 드러내시는 하나의 그릇이요 통로일

뿐이라는 비밀입니다. 모든 만물과 모든 사람이, 아니 누구보다도 하나님의 모든 자녀들 한 사람 한 사람이 이 비밀의 증인이어야 마땅한 것입니다.

모든 덕과 은혜의 뿌리는 — 또한 모든 믿음과 하나님이 받으시는 예배의 뿌리는 — 바로 우리가 받은 것 외에는 아무것도 가진 것이 없다는 것을 알고서, 깊고 깊은 겸손으로 하나님께 고개를 조아리며 하나님께서 베풀어 주시기를 기다리는 데 있는 것입니다.

이러한 겸손이 그저 일시적인 감정이 아니라 — 하나님을 생각하면서 일시적으로 각성하여 실행에 옮긴 그런 것이 아니라 — 그리스도의 삶 전체를 이루는 정신이었기 때문에, 예수님께서는 아버지와의 교제뿐만 아니라 사람들과의 교제에 있어서도 똑같이 겸손을 드러내신 것입니다. 그는 자기 자신을 하나님께서 창조하시고 사랑하신 사람들을 위하여 보내심을 받은 하나님의 종으로 여기셨습니다. 그리하여 자연적으로 그는 자기 자신을 또한 사람들의 종으로 여기셨습니다. 그리하여 자기를 통하여 아버지께서 그의 사랑의 역사를 이루시도록 하신 것입니다. 그는 한순간이라도 자기 자신의 명예를 구하거나 자기 자신의 권세를 내세우신 일이 없습니다. 그의 삶은 전적으로 하나님께 드려진 것이요, 하나님께서 일하시도록 하는 그런 삶이었습니다.

그리스도인들이 이처럼 그리스도의 구속의 핵심이며 하나님의 아들의 삶의 축복인 예수님의 겸손을 배우게 되면, 텅 비어 있는 자기 자신의 삶을 겸손으로 채워야 한다는 사실이 큰 짐으로 다가올 것입니다. 그리스도의 겸손이야말로 아버지와의 유일한 참된 교제의 요건이며, 따라서 우리가 주님과 함께하는 자들이라면 우리에게도 그 겸손을 주시리라는 사실을 배우게 되면, 우리에게 하늘에 속한 그 겸손이 실제로 드러나지 않는다는 무서운 현실이 정말 가슴 깊이 깨달아질 것입니다. 그리고 그럴 때에 비로소 우리의 일상적인 종교 생활을 뒤로 제쳐 두고, 우리 속에 있는 그리스도의 첫째가는 가장 중요한 이 표적을 확실하게 얻으려 할 것입니다.

형제 자매 여러분, 여러분은 과연 겸손으로 옷 입고 있습니까? 여러분의 일상 생활을 돌아보십시오. 예수님께 여쭈어 보십시오. 친구들에게 물어보십시오. 세상을 향하여 물어보십시오. 그리고 여러분이 지금까지 거의 알지 못했던 하늘의 겸손이 예수님 안에서 여러분에게 환히 열려 있다는 사실을 인하여 하나님을 찬양해야 하겠습니다. 바로 그런 겸손을 통해서 지금까지 맛보지 못한 하늘의 복락이 여러분에게 임하는 것입니다.

제4장 예수님의 교훈에 나타난 겸손

"나는 마음이 온유하고 겸손하니 나의 멍에를 메고 내게 배우라" — 마 11:29

"너희 중에 누구든지 으뜸이 되고자 하는 자는 너희의 종이 되어야 하리라 인자가 온 것은 섬김을 받으려 함이 아니라 도리어 섬기려 하고 자기 목숨을 많은 사람의 대속물로 주려 함이니라" — 마 20:27-28

지금까지 우리는 그리스도께서 자기의 마음을 열어 보이시는 것을 통해서 그의 삶 속에 나타난 겸손을 살펴보았습니다. 그러니 이제는 그리스도의 가르침에 귀를 기울이도록 합시다. 주님이 겸손에 대해서 어떻게 말씀하시며, 사람들에게서, 특히 그의 제자들에게서 겸손을 어느 정도나 기대하시며, 그들이 주님 자신처럼 겸손해지기를 얼마나 원하시는지를 그의 교훈을 통해서 살펴보도록 합시다. 이제 몇 가지 본문을 말씀드릴 텐데, 이를 조심스럽게 공부하도록 합시다. 이 본문들을 그저 인용하기만 해도, 주님께서 얼마나 자주, 또한 얼마나 진지하게 이를 가르치셨는지를 충분히 감지할 수가 있을 것입니다. 주님이 우리에게 요구하시는 것이 무엇인지를 이 본문들에서 잘 깨달을 수가 있을 것입니다.

1. 주님이 공생애를 시작하시던 시절을 보십시다. 주님은 산상수훈의 팔복의 말씀에서 이렇게 말씀하십니다. **"심령이 가난한 자는 복이 있나니 천국이 그들의 것임이요. … 온유한 자는 복이 있나니 그들이 땅을 기업으로 받을 것임이요"**(마 5:3, 5). 천국에 대하여 선포하시는 첫 마디에서 벌써 바로 천국으로 들어가도록 열려 있는 유일한 문이 제시되고 있습니다. 가난한 자에게, 스스로 아무것도 가진 것이 없는 자들에게 천국이 임한다는 말씀입니다. 또한 온유한 자, 곧 자기 스스로를 위하여 아무것도 구하지 않는 자들이 땅을 소유한다고 하십니다. 하늘과 땅의 축복들이 낮은 자를 위한 것입니다. 천국의 삶이든 땅의 삶이든, 겸손이 바로 축복의 비결이라는 사실입니다.

2. **"나는 마음이 온유하고 겸손하니 나의 멍에를 메고 내게 배우라 그러면 너희 마음이 쉼을 얻으리니"**(마 11:29). 예수님은 자기 자신을 스승으로 말씀하십니다. 주님은 스승이신 자신에게서 우리가 발견하며 그에게서 얻게 될 정신이 무엇인지를 말씀해 주십니다. 온유와 겸손이야말로 바로 주님이 우리에게 주시는 것입니다. 그 온유와 겸손 가운데서 영혼의 완전한 쉼을 찾을 수가 있습니다. 겸손이 우리의 구원인 것입니다.

3. 제자들은 누가 천국에서 가장 큰 자가 될 것인지에 대해서 논쟁을 벌이다가 주님께 그 문제를 여쭈어 보았습니다(눅 9:46; 마 18:3). 그때에 주님은 어린아이를 데려다 그들 중에 세우고 이렇게 말씀하셨습니다. **"누구든지 이 어린아이와 같이 자기를 낮추는 사람이 천국에서 큰 자니라"**(마 18:4). 천국에서 가장 큰 자가 누구인가 하는 질문은 정말 광범위한 질문입니다. 이에 대한 답변은 예수님 이외에는 주실 수가 없습니다. 곧, 천국에서 첫째가는 영광이요 진정 천국의 사고 방식이요, 은혜 중의 은혜는 바로 겸손인 것입니다. **"너희 모든 사람 중에 가장 작은 그가 큰 자니라"**(눅 9:48).

4. 세베대의 아들들이 예수님께 나아와 천국에서 가장 높은 자리인 예수님의 오른편과 왼편에 앉게 해 달라고 청했습니다. 이때에 예수님은 "내 좌우편에 앉는 것은 나의 줄 것이 아니라 누구를 위하여 예비되었든지 그들이 얻을 것이니라"라고 말씀하셨습니다. 그런 것을 바라보거나 탐해서는 안 됩니다. 오히려 겸손의 잔과 굴욕의 세례를 생각하고 바라야 마땅합니다. 예수님은 이어서 이렇게 덧붙이십니다. "누구든지 으뜸이 되고자 하는 자는 너희 종이 되어야 하리라 인자의 온 것은 섬김을 받으려 함이 아니라 도리어 섬기려 하고 자기 목숨을 많은 사람의 대속물로 주려 함이니라." 겸손이야말로 하늘에 속한 그리스도의 표적이요, 따라서 하늘에서 영광을 누리는 한 가지 기준이 될 것입니다. 가장 낮은 자가 하나님께 가장 가까이 있는 법입니다. 교회의 가장 귀한 자리는 가장 겸손한 자에게 약속되어 있는 것입니다.

5. 바리새인들이 높은 자리에 앉기를 좋아하는 사실에 대해서 주님은 무리들과 제자들에게 말씀하시면서 또 다시 **"너희 중에 큰 자는 너희를 섬기는 자가 되어야 하리라"**고 하십니다(마 23:11). 겸손이야말로 하나님 나라에서 존귀한 자리에 오르는 유일한 사다리인 것입니다.

6. 또 한 번은 한 바리새인의 집에서 잡수시는 중에 높은 자리에 앉으라고 청함을 받게 되는 손님의 비유를 말씀하시면서(눅 14:1-11), 이렇게 덧붙이셨습니다. **"무릇 자기를 높이는 자는 낮아지고 자기를 낮추는 자는 높아지리라."** 이는 변경될 수 없는 진리입니다. 다른 길은 없습니다. 오직 자기를 낮추는 것만이 높임을 받는 길인 것입니다.

7. 바리새인과 세리의 비유를 말씀하신 다음 그리스도께서는 또다시, **"무릇 자기를 높이는 자는 낮아지고 자기를 낮추는 자는 높아지리라"**(눅 18:14)고 하셨습니다. 하나님의 임재 앞에서는, 그에게 예배하는 자리에서는, 하나님과 사람을 향한 깊고 참된 겸손이 가득 배어 있지 않는 것은 그 무엇이든 아무런 소용이 없는 것입니다.

8. 제자들의 발을 씻기신 다음, 예수님은, **"내가 주와 선생이 되어 너희 발을 씻었으니 너희도 서로 발을 씻어 주는 것이 옳으니라"**(요 13:14)고 말씀하셨습니다. 주님의 모범과 명령, 그리고 여기에 담긴 순종의 사상이 갖는 권위를 볼 때에, 겸손이야말로 그리스도의 제자들에게 첫째가는 가장 본질적인 요소인 것입니다.

9. 마지막 만찬의 자리에서까지도 제자들은 여전히 누가 가장 큰가 하는 문제로 서로 언쟁을 벌였습니다(눅 22:26-27). 이때에 주님은, **"너희**

중에 큰 자는 젊은 자와 같고 다스리는 자는 섬기는 자와 같을지니라. 앉아서 먹는 자가 크냐 섬기는 자가 크냐 앉아서 먹는 자가 아니냐 그러나 나는 섬기는 자로 너희 중에 있노라"라고 말씀하셨습니다. 예수님께서 걸으셨고 또한 우리에게 열어 놓으신 길은, 그리고 우리에게 구원을 가져다주신 그 능력과 정신은 바로 겸손입니다. 이 겸손이 언제나 나를 모든 이들의 종이 되게 만드는 것입니다.

그런데 이 겸손에 대한 설교가 얼마나 적은지 모릅니다. 또한 이 겸손을 실천하는 경우도 얼마나 적은지 모릅니다. 겸손이 없는 상태를 느끼고 고백하는 경우도 거의 없습니다. 예수님의 겸손에 어느 정도라도 비슷하게 닮은 상태에 이른 사람이 거의 없다는 말은 할 필요조차 없습니다. 예수님의 겸손을 사모하여 그것을 얻기 위하여 계속해서 간구하고 구하는 그런 경우도 거의 보기가 힘든 현실입니다. 이 세상에서 그런 겸손을 거의 볼 수가 없습니다. 교회의 핵심이 되는 사람들 가운데서도 거의 찾아볼 수가 없는 실정입니다.

"누구든지 너희 중에서 으뜸이 되고자 하는 자는 너희의 종이 되어야 하리라." 하나님께서는 예수님의 이 말씀이 참말이라는 사실을 우리가 진정 믿기를 원하고 계십니다. 신실한 종 또는 노예에게서 나타나는 특징이 어떤 것인지 우리 모두 잘 알고 있습니다. 주인의 관심사에 대해 헌신적이며, 주인에 대해 사려 깊게 배우고 그를 기쁘시게 하며, 주인의 번영과 명예와 행복을 즐거워하는 것입니다. 이 땅의 종들에게서도 이러한 특질들이 보이기도 합니다. 그들은 종이라는 이름을 과연 영광으로 여기는 것입니다.

우리들 가운데는 그리스도인으로 생활하면서 우리 자신을 하나님께 종과 노예로 드릴 수 있다는 사실을 알고서, 또한 하나님을 섬기는 것이 우리의 최고의 자유라는 — 곧, 죄와 나 자신으로부터의 자유라는 — 사실을 깨닫고서 새로운 기쁨을 얻은 분들이 많이 계실 것입니다. 그런데 우리는 또 한 가지를 더 배울 필요가 있습니다. 곧, 예수님께서는 우리에게 서로 서로에게 종이 되라고 하신다는 사실 말입니다. 이를 마음을 다하여 받아들이면, 이런 섬김이 또한 가장 복된 것이 될 것입니다. 그것이야말로 죄와 나 자신으로부터의 새롭고도 충만한 자유가 될 것입니다. 처음에는 어렵게 느껴질 수 있습니만, 그 이유는 오로지 나 자신에게 값어치를 두는 교만이 내 속에 있기 때문입니다.

하나님 앞에서 아무것도 아닌 것이 되는 것이야말로 사람의 영광이요, 예수님의 정신이요, 천국의 기쁨이라는 사실을 배우게 되면, 남을 섬기는 데에 따르는 어려운 연단을 온 마음으로 받아들이게 되며 심지어 우리를 괴롭히려 애쓰는 자들까지도 기꺼이 섬기게 될 것입니다. 이러한 참된 성화에 대해 마음을 쏟게 되면, 겸손에 대해 예수님께서 하신 말씀 하나하나를 새로운 열심으로 공부하게 되며, 또한 아무리 낮은 자리라도 결코 낮은 것으로 여기지 않게 될 것입니다. "나는 섬기는 자로 너희 중에 있노라"(눅 22:27)고 말씀하신 주님과 교제를 나누며, 또한 그런 교제를 스스로 입증할 수 있다면, 아무리 허리를 굽혀도 상관이 없고, 아무리 천한 일이라도 얼마든지 계속할 수 있을 것입니다.

형제 여러분, 더 높은 삶으로 나아가는 길이 여기 있습니다. 내려 가십시오. 더 낮추십시오! 천국에서 큰 자가 되기를 바라고, 주님의 좌우편에 앉기를 꿈꾸고 있던 제자들에게 주님이 항상 하신 말씀이 바로 이것이었습니다. 높아지기를 구하지 마십시오! 그것은 하나님이 하시는 일입니다. 여러분 자신을 낮추고 겸손하기를 힘써야 합니다. 하나님 앞에서나 사람 앞에서 종의 위치 이외에는 취하지 마십시오. 그것이 여러분이 하실 일입니다. 그러니 그것이 여러분의 목적이 되고 기도가 되어야 합니다.

하나님은 신실하신 분이십니다. 물이 항상 낮은 곳으로 흘러 그곳을 채우듯이, 하나님께서 사람의 낮고 텅 비어 있는 상태를 발견하시는 순간, 그의 영광과 능력이 그 사람에게 흘러 들어가 그를 높이고 복 주시는 것입니다. 자기를 낮추는 그 사람이 높아질 것입니다. 우리의 관심사는 나 자신을 낮추는 데 있어야 합니다. 그러면 하나님께서 우리를 높이실 것입니다. 그의 전능하신 능력과 그의 큰 사랑으로 그 일을 이루실 것입니다.

겸손해지고 온유해지면 고상하고 대담하며 남자다운 것이 사라질 것이라고 이야기하는 이들이 간혹 있습니다. 그러나 여러분, 겸손과 온유야말로 천국에서 가장 고상한 것이라는 사실을 모두가 믿을 수 있다면 얼마나 좋겠습니까! 나 자신을 낮추고 모든 사람의 종이 되는 것, 이것이야말로 하늘의 왕이 드러내는 왕의 자태요, 이것이야말로 하나님을 닮은 것이라는 사실을 깨닫기라도 한다면 얼마나 좋겠습니까! 이

것이야말로 우리 속에 항상 임재해 계신 그리스도의 기쁨과 영광으로 나아가는 길이요, 우리에게 임하는 그리스도의 능력을 얻는 길인 것입니다.

온유하고 겸손하신 예수님께서 하나님께로 나아가는 길을 자기로부터 배우라고 우리를 부르고 계십니다. 내게 정말 필요한 것이 겸손이라는 생각이 내 마음을 가득 채울 때까지, 지금까지 읽은 말씀들을 계속해서 공부합시다. 그리고 주께서 우리에게 보여주신 바를 또한 우리에게 주시고, 주님 자신의 성품을 우리에게도 베풀어 주신다는 사실을 믿어야 하겠습니다. 사모하는 심령에게 온유하고 겸손하신 주님께서 임하셔서 그 속에 거하실 것입니다.

제5장 예수님의 제자들에게서 나타나는 겸손

"너희 중에 큰 자는 젊은 자와 같고 다스리는 자는 섬기는 자와 같을지니라"
— 눅 22:26

지금까지는 예수님 자신과 그의 가르침에 나타나 있는 겸손을 공부했습니다. 이제는 그의 택하신 열두 제자들에게서 겸손을 찾아 보도록 합시다. 열두 제자들에게 겸손이 없다는 사실이 드러나면, 그리스도와 사람들의 대조가 더 한층 분명하게 드러날 것이며, 또한 오순절 사건을 통하여 그들에게 나타난 엄청난 변화를 인식하는 데도 도움이 될 것입니다. 사탄이 사람 속에 불어넣은 교만을 이기신 그리스도의 겸손의 완전한 승리에 우리가 정말로 함께 동참할 수 있다는 사실이 또한 입증될 것입니다.

앞에서 인용한 예수님의 가르침들에서도 분명히 나타나는 대로, 제자들은 겸손의 은혜가 철저하게 부족한 사람들이었습니다. 언젠가 한 번은 자기들 중에 누가 가장 큰 자인지에 대해서 서로 논쟁을 벌이기도 했습니다. 또 한 번은 세베대의 아들들이 어머니와 함께 주님께 나아와서 자기들에게 가장 높은 자리를 — 주님의 좌우편에 앉는 자리를 — 달라고 요청하기도 했습니다. 그리고, 후에 마지막 만찬 석상에서까지도 그들은 또다시 자기들 중에 누가 가장 큰가에 대해서 서로 언쟁을 벌였습니다.

그렇다고 해서 그들이 주님 앞에서 자기 자신을 정말로 낮춘 때가 전혀 없었던 것은 아닙니다. 베드로는 겸손하게 자기를 낮추고서 외쳤습니다. "주여 나를 떠나소서 나는 죄인이로소이다"(눅 5:8). 또한 주께서 폭풍을 잠잠하게 하셨을 때에도 제자들 모두 엎드려 주님을 경배했습니다. 그러나 그런 식으로 이따금씩 나타나는 겸손의 표현들은 그들의 마음의 일상적인 상태가 어떠했는가를 더 분명하게 드러내 보여줄 뿐입니다. 그들의 일상적인 마음의 상태가 어떠했는가는 갑작스럽게 무슨 일을 당할 때에 자연스럽게 자발적으로 자기를 드러내는 데서 잘 볼 수 있습니다. 이 모든 사실의 의미를 살펴보면, 우리는 몇 가지 지극히 중요한 교훈을 얻게 됩니다.

첫째로, **겸손이 없으면서도 진지하고도 적극적인 기독교 신앙의 모습이 얼마든지 있을 수 있다는 사실입니다.** 제자들에게서 이 점을 얼마든지 볼 수 있습니다. 그들은 예수님을 열렬히 사모하여 그와 함께 있었습니다. 예수님을 위하여 모든 것을 버렸습니다. 예수님이야말로 하나님의 그리스도시라는 것을 아버지로부터 이미 계시를 받은 상태에 있었습니다. 그들은 예수님을 믿었습니다. 그를 사랑하고 있었습니다. 예수님의 계명들을 순종하였습니다. 그들은 그를 따르기 위해서 모든 것을 이미 버린 사람들이었습니다. 다른 사람들이 떨어져 나갈 때에도, 그들은 주님을 꼭 붙들었습니다. 그들은 주님과 함께 죽기로 작정한 사람들이었습니다. 그러나 이 모든 사실 속으로 더 깊이 들어가 보면, 거기에 어둠의 세력이 있었습니다. 그들이 거의 의식하지 못하는 것이 숨어 있었던 것입니다. 예수님의 구원의 능력을 전하는 증인들이 되기 위해서는 먼저 그것을 죽여 버리고 던져 버려야 했던 것입니다.

오늘날도 마찬가지입니다. 교수들과 목사들, 복음전도자들과 사역자들, 선교사들과 교사들 가운데서도, 한편으로는 성령의 은사들이 풍성하게 드러나는 데도 겸손의 은혜가 없는 사람들이 얼마나 많은지 모릅니다. 이들은 수많은 사람들에게 축복의 통로가 되는 분들입니다만, 그런데도 이들 가운데 겸손의 은혜가 지속적인 특징으로 드러나지 않는 경우가 얼마나 많은지 모릅니다. 겉으로 보면 모르지만, 시험이 올 때나 더 친밀한 교제가 이루어질 때면 그런 가슴 아픈 사실이 적나라하게 드러나곤 하는 것입니다. 이런 모든 사실은 바로 겸손이야말로 은혜 중에서도 가장 귀한 최고의 은혜라는 교훈을 확증해 줍니다. 겸손이야말로 도달하기 가장 어려운 것 가운데 하나요, 우리가 최고의 노력을 쏟아부어야 할 것 중의 하나인 것입니다. 겸손은 성령에 충만하여 우리가 우리 속에 거하시는 그리스도와 동행하며 그가 우리 속에서 사실 때에 비로소 능력으로 우리에게 임하는 은혜인 것입니다.

둘째로, 아무리 외형적인 가르침과 온갖 개인의 노력이 있다 해도 그것들이 교만을 정복하는 데에, 혹은 온유하고 겸손한 마음을 갖게 하는 데에 얼마나 허약한가 하는 것입니다. 제자들은 삼 년 동안을 예수님의 학교에서 훈련을 받았습니다. 주님은 자신이 제자들에게 가르치고자 하신 주요 교훈을 그들에게 이미 말씀하셨습니다. "나는 마음이 온유하고 겸손하니 내게 배우라"(마 11:29). 제자들에게와 바리새인들에게, 그리고 무리들에게 주님은 겸손이 하나님의 영광에 이르는 유일한 길이라는 사실을 거듭거듭 반복해서 말씀하셨습니다. 그는 그들 앞에서 신적인 겸손을 지니신 하나님의 어린 양으로서 사셨을 뿐 아니라, 자신의 삶의 가장 은밀한 비밀을 한 번 이상 그들에게 밝히시기까지 하셨습니다. "인자가 온 것은 섬김을 받으려 함이 아니라 도리어 섬기려 하고 자기 목숨을 많은 사람의 대속물로 주려 함이니라"; "나는 섬기는 자로 너희 중에 있노라"(막 10:45; 눅 22:27).

주님은 제자들의 발을 씻어 주시고, 그들에게 주님이 보이신 모범을 따르라고 말씀하셨습니다. 그런데도 그들은 실제로 별로 배운 것이 없었습니다. 마지막 만찬 때에도 여전히 그들은 누가 가장 큰가에 대해서 서로 언쟁을 벌이고 있었으니 말입니다. 물론 주님의 교훈을 배우려 애를 쓰기도 했고, 또한 다시는 주님께 걱정을 끼치지 않으려고 확고히 결심하기도 했습니다. 그러나 모든 것이 허사였습니다.

이러한 사실은 당시의 제자들에게나 우리들에게나 굉장히 절실한 교훈을 줍니다. 곧, 외형적인 가르침은, 그리스도 자신의 가르침이라

할지라도 교만 마귀를 물리칠 수가 없다는 사실입니다. 아무리 설득력 있는 논리라 할지라도, 아무리 겸손을 아름답게 느낀다 할지라도, 개인의 결단이나 노력이 아무리 깊다 할지라도 그것으로는 안 되는 것입니다. 사탄이 사탄을 쫓아내면, 더 교묘하고 더 강력한 사탄의 권세가 다시 들어올 뿐입니다. 새 사람의 본성이 신적인 겸손 가운데서 능력적으로 나타나 옛 사람의 본성의 자리를 차지하는 것 이외에는 방법이 없습니다. 그리고 그렇게 되면 그 새 사람의 본성이 과거 옛 사람의 본성이 그랬던 것과 똑같이 진정으로 우리의 본성이 되는 것입니다.

셋째로, **우리가 진정 겸손하게 되는 일은 그리스도께서 신적인 겸손으로 우리 속에 거하심으로써만 이루어진다는 것입니다.** 우리의 교만이 우리가 아닌 다른 사람, 곧 아담에게서 왔으므로, 겸손 역시 다른 분에게서 올 수밖에 없습니다. 교만이 우리의 것이 되어서 우리 속에서 그렇게도 끔찍한 능력으로 역사하고 있습니다. 우리 자신이 교만이요, 교만이 우리 자신의 본성이 되어 있기 때문입니다. 그러므로 겸손이 우리의 것이 되는 데에도 동일한 방법이 적용됩니다. 곧, 겸손이 우리 자신이 되고, 우리 자신의 본성이 되어야 한다는 말입니다. 교만해지기가 그렇게도 자연스럽고도 쉬웠듯이, 겸손해지는 일도 그래야 하고 또한 그럴 것입니다.

"죄가 더한 곳에 은혜가 더욱 넘쳤다"(롬 5:20)는 약속이 여기에도 적용되는 것입니다. 그리스도께서 제자들에게 주신 모든 가르침은, 또한 제자들의 그 모든 헛된 노력은 바로 그리스도께서 그들 속에 신적인 능력으로 들어가시기 위해서 — 주께서 그들로 하여금 사모하게끔 가르치셨던 그것을 그들 가운데 베푸시고 또한 친히 그것이 되시기 위해서 — 필요한 준비 과정이었던 것입니다.

그리스도께서는 그의 죽으심을 통해서 마귀의 권세를 멸하셨습니다. 죄를 없이하셨고, 영원한 구속을 이루셨습니다. 그리고 그의 부활하심을 통해서는 아버지께로부터 전적으로 새로운 생명을 받으셨습니다. 그것은 하나님의 능력 안에 있는 사람의 생명이었습니다. 사람들에게 전달되고 그들의 삶 속에 들어가 새롭게 하며 하나님의 능력으로 충만케 하는 그런 생명이었습니다.

그리고 그리스도께서는 승천하심으로써, 아버지께 성령을 받으사 그를 통하여 자신이 지상에 계실 때에 하시지 못한 일을 하시게 되었습니다. 그리하여 그리스도께서는 자신이 사랑하신 사람들과 자신을 하나로 만드실 수 있게 되셨고, 실제로 그들을 위하여 그들의 삶을 사심으로써 그들이 아버지 앞에서 자신처럼 겸손한 가운데 살 수 있도록 하신 것입니다. 그들 속에 살고 숨쉬는 것이 바로 그리스도 자신이시기 때문입니다. 그리고 오순절에 그가 강림하여 그들을 소유로 삼으셨습니다. 이러한 준비의 역사와 깨달음의 역사, 그리고 그리스도의 가르침으로 말미암아 생겨난 열망과 소망에 대한 각성이 오순절 사건으로 인하여 이루어진 그 놀라운 변화로 말미암아 완성되었습니다. 그리고 야고보와 베드로, 요한의 삶과 그들의 서신들이, 모든 것이 변화되었고 예수님의 온유와 겸손의 정신이 실제로 그들을 지배하게 되었음을 증거하는 것입니다.

이런 일들에 대해서 우리로서는 무어라고 말하면 좋겠습니까? 이 책을 읽는 독자들에게는 여러 계층이 있으리라 여겨집니다. 이 문제에 대해서 지금껏 별로 생각해 보지 못했기 때문에, 이 문제가 과연 교회와 교회원 각자에게 사활을 거는 중대한 문제라는 것을 즉시 실감하지 못하는 분들도 계실 것입니다. 또한 어떤 분들은 자기들의 부족함에 대해 자책하는 상태에 있기도 할 것입니다. 진지하게 노력을 해 보았지만 번번이 실패하여 좌절에 빠져 있는 분도 계실 것입니다.

또 다른 분들은 영적 축복과 능력에 대해 기쁨으로 증거할 수는 있지만, 그럼에도 불구하고 주위의 사람들이 자기에게 부족하다고 보고 있는 그런 것에 대해 전혀 각성하지 못하고 있을 수도 있을 것입니다. 또 어떤 분들은 이 겸손의 은혜에 대해서 주께서 구원과 승리를 주셨다는 사실을 증거할 수 있는 상태에 있으나 동시에 아직도 예수님의 충만한 분량에까지 얼마나 많은 것이 더 필요한지를 주님의 가르침을 통해서 깨닫는 이들도 있을 것입니다.

이 가운데 어느 부류에 속해 있든지간에, 제가 간절히 권면하고 싶은 것은 그리스도를 닮아가는 일에 겸손이 차지하는 그 독특한 위치에 대해서 아직도 더 깊은 확신을 갖기를 우리들 각자가 계속 구해야 한다는 점입니다. **그리스도의 겸손을 그의 최고의 영광으로, 그의 첫째가는 계명으로, 또한 우리의 최고의 축복으로 인식하지 않고서는**, 절대로 교회나 신자가 그리스도께서 원하시는 모습으로 변화할 수가 없다는 사실을 반드시 깨달아야 하겠습니다.

이 겸손의 은혜가 처절하게 부족한 상태였지만, 그럼에도 불구하고 제자들이 얼마나 전진해 있었는지를 깊이 생각하도록 합시다. 다른 은사들로 인하여 만족한 나머지, 하나님의 능력이 우리 속에서 능력있게 역사하지 못하는 것이 바로 겸손의 은혜가 우리에게 없기 때문이라는 사실을 깨닫지 못하는 그런 상태에 빠지지 않도록 하나님께 기도해야 하겠습니다. 하나님의 아들처럼 우리가 우리 스스로 아무것도 할 수 없다는 사실을 진정으로 알고, 또한 그 사실을 보여 줄 때에 비로소 하나님께서 모든 일을 담당하실 것입니다.

성도들 속에 거하시는 그리스도의 진리가 신자들의 체험 속에 합당한 자리를 차지할 때에 비로소 교회가 아름다운 옷을 입게 되고, 겸손이 그 교회의 교사들과 교인들에게서 거룩하고도 아름답게 드러나게 될 것입니다.

제6장 일상 생활에 나타나는 겸손

"보는 바 그 형제를 사랑하지 아니하는 자는 보지 못하는 바
하나님을 사랑할 수 없느니라" — 요일 4:20

하나님을 사랑하는 우리의 사랑이 사람들과 갖는 일상적인 교제와 거기에 나타나는 사랑으로 가늠된다니 이 얼마나 심각한지 모릅니다. 이웃의 형제와 함께하는 일상적인 삶의 테스트를 견디지 못하면, 하나님을 아무리 사랑한다고 외쳐도 결국 망상에 불과하다니 이 얼마나 엄숙한 사실입니까? 우리의 겸손도 이와 마찬가지입니다. 하나님 앞에서 스스로 낮아져 있다고 생각하기는 쉽습니다. 그러나 하나님 앞에서 자신을 낮춘 사람은 사람들을 향한 겸손을 통해서 그것을 입증해 보여야만 합니다.

그것이야말로 겸손이 우리 속에 거하여 우리의 본성 그 자체가 되었다는 유일한 증거입니다. 그리스도처럼 실제로 우리 자신의 영광을

구하지 않는다는 증거가 그것으로 나타나는 것입니다. 하나님의 임재 속에서 겸손한 마음이 그저 하나님을 생각할 때나 기도할 때에 일시적으로 나타나는 자세로 그치는 것이 아니라 그것이 우리 삶의 기본 정신이 되어 있다면, 그런 겸손이 반드시 우리 형제들을 대하는 모든 관계에서 드러나게 되어 있는 것입니다.

이러한 교훈은 정말로 중요합니다. 우리가 진정 겸손을 소유하고 있다면, 하나님께 기도할 때에 그 겸손을 보여 주려고 애쓰지를 않습니다. 오히려 우리의 일상적인 삶과 행실에서 드러나며 또한 시행되는 것입니다. 일상 생활이 별 의미가 없이 사소한 것이지만 그것이야말로 영원을 가늠하는 중요한 것입니다. 왜냐하면 우리가 어떠한 정신을 갖고 있느냐 하는 것이 그런 사소한 일상 생활로써 입증되기 때문입니다. 우리가 조심하지 않고 그저 무심코 하는 행동 하나하나에서 우리가 과연 어떤 사람이냐 하는 것이 확실하게 드러나는 것입니다. 겸손한 사람을 알려면, 겸손한 사람이 과연 어떻게 행동하는지를 알려면, 그 사람의 지극히 평범한 일상 생활의 모습을 보면 되는 것입니다.

예수님께서 가르치신 것이 바로 이것 아닙니까? 제자들이 누가 가장 크냐 하는 문제로 서로 논쟁을 벌이고 있을 때에도, 바리새인들이 잔치에서나 회당에서 높은 자리에 앉으려 하는 것을 보셨을 때에도, 또한 제자들의 발을 씻어 주심으로써 스스로 모범을 보이셨을 때에도, 주님은 바로 이 겸손의 문제를 가르치셨습니다. 사람들 앞에서 자신을 낮추고 겸손하지 않고서는 아무리 하나님 앞에서 겸손하다 할지라도 아무런 소용이 없는 것입니다.

이는 사도 바울의 가르침에서도 똑같이 나타납니다. 로마의 교인들에게 그는 이렇게 쓰고 있습니다. "존경하기를 **서로 먼저 하며**"; "높은 데 마음을 두지 말고 도리어 **낮은 데 처하며** 스스로 지혜 있는 체하지 말라"(롬 12:10, 16). 또한 고린도의 교인들에게는, "사랑은" — 겸손이 뿌리가 되지 않으면 사랑도 없는 법입니다 — "자랑하지 아니하며 교만하지 아니하며 자기의 유익을 구하지 아니하며 성내지 아니하며"(고전 13:4-5)라고 했습니다. 갈라디아의 교인들에게는, "오직 사랑으로 **서로 종노릇 하라**"; "헛된 영광을 구하여 서로 노엽게 하거나 서로 투기하지 말지니라"(갈 5:13, 26)고 합니다.

에베소의 교인들을 향해서는 세 장에 걸쳐서 천국의 삶을 아름답게 묘사한 후에 이어서 이렇게 말씀하고 있습니다. "**모든 겸손과 온유로 하고** 오래 참음으로 사랑 가운데서 서로 용납하고"; "범사에 우리 주 예수 그리스도의 이름으로 항상 아버지 하나님께 감사하며 그리스도를 경외함으로 **피차 복종하라**"(엡 4:2; 5:20-21).

빌립보의 교인들에게는 말씀하기를, "아무 일에든지 다툼이나 허영으로 하지 말고 **오직 겸손한 마음**으로 각각 자기보다 **남을 낫게 여기고**"; "너희 안에 이 마음을 품으라 곧 그리스도 예수의 마음이니 그는 … 오히려 자기를 비워 종의 형체를 가지사 사람들과 같이 되셨고 사람의 모양으로 나타나사 **자기를 낮추시고** 죽기까지 복종하셨으니 곧 십자가에 죽으심이라"(빌 2:3, 5, 7-8)고 하였습니다.

그리고 골로새의 교인들에게는 말씀하기를, "너희는 … 긍휼과 자비와 겸손과 온유와 오래 참음을 옷입고 누가 누구에게 불만이 있거든 서로 용납하여 **피차 용서하되** 주께서 너희를 용서하신 것과 같이 너희도 그리하라"(골 3:12-13)고 했습니다.

우리들의 일상적인 인간 관계에서, 서로서로를 대하는 데서, 진정한 겸손과 자신을 낮추는 마음의 자세가 나타나야 마땅한 것입니다. 예수님의 겸손을 우리 이웃에게 드러내 보여 주지 못한다면, 하나님 앞에서 우리가 아무리 겸손하다 할지라도 전혀 가치가 없는 것입니다. 이 말씀에 비추어서, 우리의 일상 생활에서 겸손을 배워야 하겠습니다.

겸손한 사람은 언제나 다음과 같은 계명에 따라서 행동하기를 힘씁니다. "**존경하기를 서로 먼저 하라; 서로 종노릇 하라; 자기보다 남을 낫게 여기라; 피차 복종하라.**" 그런데, "지혜나 거룩한 모습이나, 타고난 재능이나, 받은 은혜나 모든 면에서 우리보다 훨씬 낮은 사람들을 대하면서 어떻게 그들을 우리보다 낫게 여길 수 있습니까?"라고 묻는 사람들을 자주 봅니다. 그러나 이런 질문을 한다는 것은, 진정으로 마음을 낮춘다는 것이 무슨 의미인지를 아직도 깨닫지 못하고 있다는 것 이외에 아무것도 아닙니다.

우리가 하나님의 빛에 비추어 우리 자신이 아무것도 아니라는 것을 깨달으며, 그리하여 우리 자신과 완전히 결별하고 우리 자신을 내어 던져서 하나님께서 만유가 되시도록 할 때에 비로소 참된 겸손이 생겨나는 것입니다. 그렇게 행하고 "제가 그렇게 자신을 버리고 주님을 찾았습니다"라고 말할 수 있게 된 사람은 다른 사람과 자기 자신을 비교하지 않는 법입니다. 하나님의 임재 속에서 자기 자신에 대한 모든 생각은 영원토록 포기해 버렸기 때문입니다. 그런 사람은 자기 자신을 아무것도 아닌 존재로 여기고, 자기를 위해서 아무것도 구하지 않는 자로서 이웃을 대합니다. 그런 사람이 과연 하나님을 섬기는 자요, 또한 하나님을 위해서 모든 사람들을 섬기는 자입니다.

신실한 종이 주인보다 더 지혜로울 수도 있습니다. 그러나 신실한 종은 종으로서 가져야 할 마땅한 자세를 갖고 종의 위치를 지키는 법입니다. 겸손한 사람은 하나님의 자녀 하나하나를 — 심지어 가장 유약하고 가장 미천한 자까지도 — 우러러 보고 그를 존귀히 여기며 왕의 아들로 높입니다. 제자들의 발을 씻기신 주님의 영이 우리로 하여금 가장 낮은 자가 되고 다른 이들의 종이 되기를 기뻐하게 만드는 것입니다.

겸손한 사람은 질투나 투기를 느끼지 않습니다. 다른 사람이 높임을 받을 때에 하나님을 찬양하고 그 사람에게 복을 빌 수 있습니다. 다른 사람이 찬양을 받고 자기는 잊혀지는 것도 견딜 수 있습니다. 왜냐하면 그 사람은 하나님의 임재 안에서 바울처럼 "내가 아무것도 아니라"(고후 12:11)고 말하기를 배웠기 때문입니다. 그는 자기를 기쁘게 하지 않으셨고 또한 자기 자신의 존귀를 구하지도 않으신 예수님의 자세를 받아들여 자신의 삶의 자세로 삼은 사람인 것입니다.

고집스런 생각들과 모진 말을 대할 때에 참지 못하고 성미 급하게 행동할 유혹을 받기도 합니다만 — 동료 그리스도인들의 연약함과 죄에서 이런 일이 비롯되는 경우에 — 겸손한 사람은 자주 반복되어 나타나는 다음의 계명을 마음에 담고서 그것을 자신의 삶 속에서 보여주는 것입니다. **"서로 용납하여 피차 용서하되 주께서 너희를 용서하신 것같이 너희도 그리하라"**(골 3:13). 주 예수님으로 옷 입는다는 것은, 곧 **긍휼과 자비와 겸손과 온유와 오래 참음을 옷 입는 것**임을(골 3:12) 이미 배워서 알고 있는 것입니다.

예수님께서 그 사람 자신의 자리를 대신 취하셨기 때문에 예수님께서 용서하신 것처럼 용서한다는 것이 전연 불가능한 것이 아닙니다. 그 사람의 겸손은 그저 자기를 비하하는 생각이나 말에 있는 것이 아니라, 사도 바울의 말씀처럼 "겸손의 마음"인 것입니다. 그 마음은 긍휼과 자비와 온유와 오래 참음으로 가득 차 있는 마음입니다. 곧, 하나님의 어린 양의 표지로 인정받아 마땅한 따뜻하고 겸손한 부드러움이 가득 차 있는 것입니다.

그리스도인의 삶의 더 고상한 체험들을 하려고 애쓰다 보면, 신자가 지극히 인간적인 덕목을 목표로 삼고 그것을 즐거워하는 데 빠질 위험이 있습니다. 곧, 담대함, 기쁨, 초연함, 열심, 자기 희생 같은 것들이 거기에 해당되는데, 이는 옛 스토아 철학자들도 가르치고 실천한 것들입니다. 이런 것들에 열심을 내고, 오히려 그보다 더 깊고 더 부드러우며 더 거룩한 하늘의 은혜들에 대해서는 거의 생각하거나 가치를 두지 않습니다. 이러한 덕목들은 예수님께서 처음 이 땅에서 가르치신 것들로서 — 그가 하늘로부터 가져오신 것들이므로 — 그 자신의 십자가와 죽음과 아주 밀접한 연관을 맺고 있는데, 곧 심령의 가난함, 온유함, 겸손 등이 거기에 해당됩니다. 그러므로 여러분, 긍휼과 자비와 온유와 겸손과 오래 참음의 마음을 가져야 하겠습니다. 우리가 그리스도를 닮았다는 사실을, 잃어버린 자를 구원하고자 하는 열심으로만이 아니라, 형제들과 갖는 모든 관계에서 주께서 우리에게 하신 것처럼 서로 용납하고 용서하는 것으로 증명해 보이도록 해야 할 것입니다.

형제 여러분, 겸손한 사람에 대해 성경이 어떻게 그리고 있는지를 공부합시다. 그리고 과연 우리에게서 그런 성경의 묘사를 닮은 모습이 보이는지 우리 형제들에게와 세상에게 물어보도록 합시다. 성경의 묘사들 하나 하나를 하나님께서 우리 속에서 역사하셔서 이루실 것에 대한 약속으로 완전히 받아들이도록 합시다. 그리고 그 말씀의 묘사들을 그리스도의 영이 우리 속에 베푸셔서 이루실 것을 보여 주는 계시로 받아들이게 되기까지 만족하지 맙시다. 그리고 우리 속에서 실패와 모자람을 볼 때마다 온유하고 겸손하신 하나님의 어린 양께 겸손하고 온유하게 돌아가서 그에게 의지하도록 해야 하겠습니다. 그 어린 양께서 우리 마음 속에 좌정하고 계시는 한 그 어린 양의 겸손과 온유함이 생수가 되어 우리 속에서 흘러 넘치게 될 것이라는 확신을 가

져야 하겠습니다.[3]

앞에서 말씀드린 내용을 다시 한 번 반복하여 말씀드립니다. 이러한 거룩한 겸손 — 하나님께서 일하셔서 그의 전능하심을 드러내시도록 우리 자신이 아무것도 아닌 상태가 되는 것 — 이 없다는 것 때문에 교회가 얼마나 심각하게 병들어 있는지에 대해 거의 생각조차 하지 못하고 있다는 사실이 얼마나 가슴 아픈지 모릅니다.

바로 얼마 전에, 아주 겸손하고 사랑의 정신이 가득한 한 그리스도인이 — 이 사람은 여러 선교회들의 선교 현장들을 많이 접하여 잘 알고 있었습니다 — 여러 선교회와 선교 현장에 사랑과 오래 참음의 정신이 사라져 버린 안타까운 현실에 대해서 마음 깊이 아파하는 것을 본 일이 있습니다. 친근감이 없는 다른 사람들과 한데 어울려 있으니, 참고 사랑하고 성령께서 이루신 연합을 평안의 끈으로 계속 유지한다는 것이 쉬운 일은 아닙니다. 그리하여 형제와 동료들에게 도움이 되고 기쁨이 되어야 할 사람들이 오히려 방해자가 되고 지치게 하는 존재가 되는 경우가 비일비재합니다.

---

3. "나는 예수님을 알고 있었고, 예수님은 내 영혼에 매우 소중한 분이셨다. 그러나 그럼에도 불구하고 나로 하여금 부드럽고 오래 참으며 온유한 상태를 유지하지 못하도록 가로막는 무언가가 내 속에 있는 것을 깨달았다. 그것을 억제하기 위해서 할 수 있는 방법을 다 써보았으나, 그것은 여전히 없어지지 않고 그대로 남아 있었다. 그리하여 나는 예수님께서 나를 위해 역사해 주시기를 구하였다. 그리고 나의 뜻을 그에게 온전히 맡기자 그가 내 마음에 찾아 오셔서 온유하지 못하게 하는 것, 오래 참지 못하게 만드는 것, 부드럽지 못하게 하는 모든 것들을 다 제거하시고는 내 마음의 문을 잠가 놓으셨다." — 조지 폭스(George Fox).

그러나 이 모든 일들에 대한 한 가지 중대한 이유는 바로 자기 자신을 아무것도 아닌 것으로 간주하는 그런 겸손이 없다는 데 있는 것입니다. 가장 낮은 자가 되고, 가장 낮은 자로 취급 당하기를 즐거워하며, 예수님처럼 아무리 미천하고 아무리 미약한 자들에게라도 그들의 종이 되고, 돕는 자가 되며, 위로자가 되기만을 구하는 그런 거룩한 겸손이 없기 때문에 그런 온갖 문제들이 발생하는 것입니다.

그리스도를 위하여 기꺼이 자기 자신을 포기한 사람들이, 형제들을 위하여 자기 자신을 포기하는 것은 그렇게 힘들어 하는 이유는 도대체 어디에 있습니까? 이것이 교회의 책임이 아닌가요? 교회가 그 교인들에게 그리스도의 겸손이야말로 덕목 가운데 첫째가는 것이요, 성령의 모든 은혜와 능력 중에서 최고의 것으로 가르친 일이 거의 없기 때문입니다. 교회가 스스로 그리스도를 닮은 겸손을 최고로 여기고 가장 우선적으로 가르친다는 것을 입증해 주지 못했습니다. 그렇게 하는 것이 너무도 당연하고 또한 얼마든지 가능한 일인데도 말입니다.

그러나 낙심할 필요는 없습니다. 이 겸손의 은혜가 부족하다는 사실을 이제 발견했으니 하나님께 더 큰 기대를 갖도록 분발합시다. 우리를 시험하고 괴로움을 주는 형제나 자매들이 있을 때에 그들 한 사람 한 사람을 하나님께서 보내신 은혜의 도구로 여겨서 존중하도록 합시다. 우리를 순결하게 하고 우리로 하여금 예수님이 우리 속에 불어넣으시는 겸손을 실천하게 하기 위한 하나님의 도구로 바라봅시다. 그리고 하나님을 전부로 여기며 우리 자신을 아무것도 아닌 것으로 여기는 확실한 믿음을 가집시다. 그리하여 하나님의 능력 안에서 사랑 안에서 서로를 섬기기만을 구하게 되도록 해야 하겠습니다.

제 7 장 겸손과 거룩

"사람에게 이르기를 너는 네 자리에 서 있고 내게 가까이 하지 말라 나는 너보다 거룩함이니라 하나니" — 사 65:5

우리는 이 시대에 일어나고 있는 성결 운동(Holiness movement)에 대해 이야기하면서 하나님을 찬양합니다. 거룩을 구하는 사람들에 대해서, 거룩하다고 자처하는 사람들에 대해서, 성결 교리와 성결을 위한 집회들에 대해서 많이들 이야기하고 있습니다. 예전 그 어느 때보다도 그리스도 안에서의 거룩함과 믿음으로 말미암는 거룩함이라는 복된 진리들이 더 많이 강조되고 있습니다. 그런데, 우리가 얻으려고 애쓰고 있다고 자처하는 그 거룩함이 과연 진리와 생명인가 하는 것은 **과연 그것이 우리 속에서 겸손을 계속 더하게 하는가** 하는 것으로 알 수 있습니다. 사람에게 있어서는, 하나님의 거룩하심이 그 속에 거하고 그를 통하여 드러나도록 하기 위해서는 겸손이 필요합니다.

우리를 거룩하게 만드시는 하나님의 거룩하신 자 예수님에게서는, 신적인 겸손이 그의 생애와 그의 죽으심과 그의 높이 오르심의 비결이었습니다. 우리가 과연 거룩한가를 시험하는 틀림없는 한 가지 방법은 하나님과 사람들 앞에서 우리가 겸손한가를 보는 것입니다. 겸손이 우리의 진면목을 그대로 드러내는 것입니다. 겸손이야말로 거룩의 아름다움이며 거룩의 활짝 핀 꽃입니다.

가짜 거룩의 주요한 특징은 겸손이 없다는 것입니다. 그러므로 거룩을 구하는 사람은 조심해서 경계해야 합니다. 성령으로 시작한 것이 육체로 끝나지 않도록, 교만이 없어야 할 곳에 교만이 끼어들지 않도록 극히 경계해야 하는 것입니다. 두 사람이 성전으로 올라가 기도했습니다. 한 사람은 바리새인이요, 또 한 사람은 세리였습니다. "바리새인"은 아무리 거룩한 위치나 장소에도 다 들어갈 수 있습니다. 하나님의 성전 안에서조차도 교만이 머리를 들어서 하나님을 예배해야 할 현장을 자기를 높이는 무대로 만들어 버릴 수도 있는 것입니다.

그리스도께서 바리새인의 교만을 여지없이 드러내신 이후부터, 바리새인은 세리의 옷을 입고 나타납니다. 자신의 깊은 죄성을 고백하는 사람도 최고로 거룩하다고 자처하는 사람과 똑같이 될 수가 있습니다. 그러나 반드시 경계해야 합니다. 우리 마음이 하나님의 성전이 되기를 간절히 원할 때에도, 우리 속에서는 두 사람이 그리로 기도하러 들어갑니다. 그리고 세리는 자기를 경멸하는 자기 옆 자리의 바리새인이 위험한 것이 아니요, 자기를 칭찬하고 높이는 자기 속에 있는 바리새인이 정말 위험하다는 것을 깨닫게 될 것입니다. 하나님의 성전에 있을 때에, 우리가 가장 거룩한 곳에 있다고 생각할 때에, 하나님의 거룩하신 임재 속에 있을 때에, 바로 그때에 교만을 가장 경계해야 합니다. "하루는 하나님의 아들들이 와서 여호와 앞에 섰고 사탄도 그들 가운데에 온지라"(욥 1:6).

"하나님이여, 나는 다른 사람들, 곧 토색, 불의, 간음을 하는 자들과 같지 아니하고 이 세리와도 같지 아니함을 감사하나이다"(눅 18:11). 우리의 자아는 오로지 감사하여야 할 조건 속에서도, 우리가 하나님께 드리는 감사 속에서도, 하나님께서 모든 일을 행하셨다고 고백하는 고백 속에서까지도 자기 만족의 기회를 찾습니다. 그렇습니다. 회개와 하나님의 긍휼하심에 대한 신뢰의 언어만이 들리는 성전에서조차, 바리새인은 찬양의 소리를 발할 수 있고 또한 하나님께 감사하는 것을 구실로 자기 자신을 칭송할 수가 있는 것입니다. 교만이 얼마든지 찬양의 옷을, 혹은 회개의 옷을 입고 나타날 수도 있는 것입니다.

"나는 다른 사람들과 같지 아니함을 감사하나이다"라는 말은 거부하여 입으로 뱉지 않는다 할지라도, 그 말에 담겨 있는 그런 정서가 우리의 동료 교인들과 이웃들에 대한 우리의 감정이나 언어에서 발견되는 경우가 얼마나 많은지 모릅니다. 과연 그런지를 알려면, 교회들과 그리스도인들이 서로서로에 대해서 하는 말을 들어보십시오. 예수님의 온유함과 겸손함이 거기서 얼마나 나타납니까? 예수님의 종들이 자기 자신들에 대해서나 서로서로에 대해서 하는 말 속에서 가장 분명하게 나타나야 할 것이 바로 깊은 겸손이라는 사실을 거의 기억하지 못하고 있습니다.

수많은 교회와 성도의 모임들, 선교회와 기독교 단체들, 심지어 해외의 선교 현장들에서까지도, 서로 일치와 평화가 깨지고 하나님의 일이 방해를 받고 있지 않습니까? 그 이유가 무엇입니까? 성도로 인정받는 사람들이 성급하고 경솔하며 인내가 없고 자기를 변명하고 자기 주장을 고집하며, 신랄한 비판과 불친절한 언사를 늘어 놓음으로써 상대방을 자기보다 낫게 여기지 않는 자신의 마음 상태를 적나라하게 드러내고 있기 때문이 아닙니까? 그들의 거룩함 속에 성도로서 당연히 지녀야 할 온유함이 거의 들어 있지 않기 때문이 아닙니까?[4]

인류 역사를 볼 때에, 사람들이 크게 겸손해지고 마음이 낮아지는 시기들이 있기도 했습니다만, 이것은 겸손으로 옷 입는 것과는, 겸손한 마음을 갖는 것과는 전연 다른 것입니다. 각자가 자기를 상대방의 종으로 여기며 그리하여 예수 그리스도의 마음을 품은 사실을 환히 드러내 보여주는 그러한 마음을 낮춘 상태와는 전연 성격이 다른 것입니다.

---

4. " '나'라는 것은 가장 다루기 힘든 존재다. 가장 좋은 좌석과 가장 높은 지위를 요구하며, 그런 요구가 인정되지 않으면 심한 상처를 받는다. 그리스도인 사역자들 사이에 일어나는 분쟁들 대부분은 이런 거대한 '나'의 아우성에서 비롯되는 것이다. 방 안에서 가장 낮은 자리를 취하는 이 참된 비결을 깨닫고 있는 사람이 우리 중에 얼마나 적은지 모른다." — 한나 스미스(Hannah W. Smith).

"내가 너보다 더 거룩하니, 너는 옆으로 비켜라!" 이 얼마나 거룩을 모욕하는 말입니까? 거룩하신 자 예수께서는 겸손하신 분이십니다. 가장 거룩한 예수님은 언제나 가장 겸손하신 분으로 남아 계십니다. 하나님 이외에는 거룩하신 이가 없습니다. 우리는 하나님을 알고 그와 관계를 맺고 있는 만큼만 거룩할 수 있습니다. 또한 하나님을 알고 그와 관계를 맺고 있는 만큼만 진정으로 겸손할 수 있습니다. 왜냐하면 겸손이란 하나님이 모든 것이 되신다는 것을 봄으로써 나 자신이 사라지는 것 이외에 아무것도 아니기 때문입니다. 가장 거룩한 사람은 동시에 가장 겸손한 사람입니다.

그런데, 여러분, 뻔뻔스럽게 자기를 자랑하는 이사야 시대의 유대인 같은 사람들은 자주 볼 수 없지만 — 우리가 받은 교육 때문에라도 그런 식으로 행동하지는 않습니다만 — 그 유대인들이 가졌던 그런 정신은 여전히 나타나고 있습니다. 믿음의 식구들을 대할 때나 세상 사람들을 대할 때나 그런 정신이 나타나는 것을 자주 보게 되는 것입니다. 우리의 생각들을 제시하고, 일을 행하고 잘못된 것들을 드러낼 때에, 겉으로는 세리의 모습을 하고 있으면서도 마음의 자세는 "하나님이여 나는 다른 사람들과 같지 아니함을 감사하나이다"라고 아뢰는 바리새인의 모습을 그대로 따르는 경우를 얼마든지 볼 수 있는 것입니다.

그렇다면, 사람들이 자기 자신을 진정 "모든 성도 중에 지극히 작은 자보다 더 작은 나"(엡 3:8)로, 모든 사람의 종으로 여기는 그런 겸손이 과연 존재할까요? 예, 존재합니다. "사랑은 자랑하지 아니하며 교만하지 아니하며 무례히 행치 아니하며 자기의 유익을 구하지 아니한다"고 했습니다(고전 13:4-5). 완전한 사랑의 능력은 자기 자신을 잊어버리고 다른 사람들을 축복하는 데서 그 복을 찾는 법입니다. 그들이 아무리 연약한 자들이라 할지라도 그들을 참고 견디며 그들을 높이는 데서 복을 찾는 것입니다. 사랑의 영이 마음 속에 환히 비쳐지는 곳에, 하나님의 성품이 나타나는 곳에, 온유하고 겸손하신 하나님의 어린 양 되신 그리스도의 형상이 이루어지는 곳에, 그 사랑의 능력이 주어지는 것입니다.

이 사랑이 들어오는 거기에 하나님께서 들어오십니다. 그리고 하나님께서 그의 능력으로 더불어 들어오시고 그 자신이 모든 것 되심을 드러내시면, 사람은 아무것도 아닌 것이 되어 버립니다. 그리고 사람이 하나님 앞에서 아무것도 아닌 것이 되면, 그는 자기 동료들을 향하여 겸손해지지 않을 수가 없는 것입니다. 하나님의 임재가 한때의 일시적인 현상이 아니요, 그의 영혼을 항상 덮고 있는 장막이 되기 때문입니다. 하나님 앞에서의 그 깊은 겸손이 그의 임재의 거룩한 성소가 되어 그리로부터 모든 말과 행동이 나오는 것입니다.

우리 이웃에 대한 우리의 생각과 말과 감정들이 하나님을 향한 우리의 겸손을 테스트하는 하나님의 방법이라는 것을 하나님께서 친히 가르쳐 주시기를 바랍니다. 하나님 앞에서 우리가 보이는 겸손이야말로 우리 이웃들을 대하여 항상 겸손할 수 있도록 만들어 주는 유일한 능력이라는 것을 우리에게 가르쳐 주시기를 바랍니다. 우리의 겸손이야말로 하나님의 어린 양이신 그리스도의 생명이 우리 속에 거하는 증거인 것입니다.

강단에서나 교단에서 거룩을 가르치는 모든 교사들과, 골방에서나 집회에서 거룩을 사모하는 모든 사람들은 경계해야 합니다. 거룩의 교만처럼 위험스럽고 교묘하며 간사스러운 교만이 없다는 사실입니다. 그렇다고 해서 사람이 "내가 너보다 거룩하니 너는 옆으로 비켜라"라는 말을 하거나 생각하는 것이 거룩의 교만이라는 말이 아닙니다. 그렇지 않습니다. 그런 생각은 누구든 혐오할 것입니다.

그러나 전혀 무의식 중에 한 가지 영혼의 습관이 숨어서 자라나고 있습니다. 곧, 자기가 성취한 것에 대해 흐뭇함을 느끼며 다른 사람들보다 앞서 있다는 것을 보고 즐기는 것입니다. 이렇게 되면, 물론 특별히 자기를 내세우거나 자기를 칭찬하지는 않습니다만, 하나님의 영광을 바라본 사람에게서 특징적으로 나타나는 깊은 자기 혐오(욥 42:5-6; 사 6:5)가 그 사람에게 없습니다. 자기 혐오가 없다면 그것은 거룩의 교만이 자라고 있다는 징후인 것입니다. 이러한 교만은 자신의 모습을 드러냅니다. 말과 생각에서만이 아니라 다른 사람에게 말하는 어조(tone)에서도 나타납니다.

그래서 영적 분별의 은사를 지닌 사람은 그런 데서 나타나는 자신의 능력을 감지하지 않을 수가 없는 것입니다. 심지어 세상 사람들 중에서도 예리한 눈을 가진 사람은 그런 점을 감지해 내는 것입니다. 그런 점이 보이면, 세상 사람들은 여지없이 손가락질 합니다. 천국 생활을 하고 있다고 입으로 이야기하면서 특별히 천국의 열매라 할 만한 것을 아무것도 보여 주지 못하고 있다고 비아냥거리는 것입니다.

형제 여러분, 경계해야 합니다. 이렇게 공부함으로써 더욱더 겸손해지지 않는다면, 우리는 지금까지 그저 아름다운 생각과 감정을 즐기며 헌신과 믿음이라는 엄숙한 행위들을 즐기면서도, 하나님의 임재의 유일한 분명한 표적이 되는 우리 자신의 사라짐은 전혀 없는 그런 어처구니 없는 모습이 되고 마는 것입니다.

여러분, 와서 함께 예수님께로 피하십시다. 주님의 겸손으로 옷 입기까지 우리 자신을 주님 안에 감추어 놓으십시다. 주님의 겸손으로 옷 입는 것, 오직 그것만이 우리의 거룩인 것입니다.

제8장 겸손과 죄

"죄인 중에 내가 괴수니라" — 딤전 1:15

겸손을 뉘우침과 통회와 동일한 것으로 보는 경우가 많습니다. 그러나 이런 식으로 생각하면, 영혼을 계속해서 죄에 사로잡히게 하는 것 이외에는 겸손을 장려할 방법이 없는 것처럼 보이게 됩니다. 이미 살펴보았다고 생각됩니다만, 겸손이란 그런 것과는 다르고, 그런 것보다 훨씬 이상의 것입니다. 우리 주 예수님의 가르침과 서신서의 가르침에서 이미 보았습니다만, 거기서는 죄와는 전연 상관이 없이 겸손을 진지하게 가르치고 있는 것입니다.

사물의 본질을 볼 때에 — 사람이 창조주 하나님과 갖는 관계 전체를 볼 때에 — 예수님이 이 세상을 사셨고 또한 우리에게 전수해 주시는 그의 삶을 볼 때에, 겸손이란 거룩과 복락의 본질 그 자체입니다. 그것은 하나님께서 보좌에 좌정하심으로 말미암아 자기가 거기서 이탈

하여 사라지는 것입니다. 하나님께서 만유가 되시며, 자기는 아무것도 아닌 것이 되는 것, 바로 이것이 겸손이라는 말입니다.

이러한 사실을 특별히 강조할 필요가 있다는 것을 느끼기는 하지만, 인간의 죄와 하나님의 은혜가 성도의 겸손을 더욱 깊고도 강렬하게 만든다는 사실은 언급할 필요조차 없는 분명한 사실일 것입니다. 사도 바울 같은 사람을 보기만 해도, 구속함을 받은 거룩한 사람으로서 자신의 생을 사는 동안 자기가 과거에 죄인이었다는 깊은 의식이 계속해서 꺼지지 않고 살아 있다는 사실을 뚜렷하게 볼 수 있습니다.

바울이 자기 자신의 삶을 교회를 박해한 자요 하나님을 훼방한 자로 말씀하는 서신서의 본문들을 우리 모두 잘 알고 있습니다. "**나는 사도 중에 가장 작은 자라** 내가 하나님의 교회를 박해하였으므로 **사도라 칭함 받기를 감당하지 못할 자로라** 그러나 나의 나 된 것은 하나님의 은혜로 된 것이니 내게 주신 그의 은혜가 헛되지 아니하여 내가 모든 사도보다 더 많이 수고하였으나 내가 아니요 오직 나와 함께 하신 하나님의 은혜로라"(고전 15:9-10); "**모든 성도 중에 지극히 작은 자보다 더 작은 나에게** 이 은혜를 주신 것은 측량할 수 없는 그리스도의 풍성함을 이방인에게 전하게 하심이라"(엡 3:8); "**내가 전에는 비방자요 박해자요 폭행자이었으나** 도리어 긍휼을 입은 것은 내가 믿지 아니할 때에 알지 못하고 행하였음이라 우리 주의 은혜가 그리스도 예수 안에 있는 믿음과 사랑과 함께 넘치도록 풍성하였도다 미쁘다 모든 사람이 받을 만한 이 말이여 그리스도 예수께서 죄인을 구원하시려고 세상에 임하셨다 하였도다 죄인 중에 내가 괴수니라"(딤전 1:13-15).

하나님의 은혜가 바울을 구원한 것입니다. 하나님께서 그의 죄를 더 이상 기억하지 않으셨습니다. 그러나 바울 자신은 자기가 얼마나 극악한 죄를 지었는지를 절대로, 절대로 잊을 수가 없었습니다. 하나님의 구원을 누리면 누릴수록, 하나님의 은혜가 그에게 가득 차서 말할 수 없는 즐거움을 체험하면 할수록, 자기가 구원받은 죄인이라는 사실이 더욱 또렷하게 의식 속에 살아 있었던 것입니다. 바울은 자기가 죄인이라는 의식으로 말미암아 자기가 얻은 구원이 고귀하다는 것을 실감하게 되지 않으면, 그 구원은 아무런 의미도, 포근함도 없다는 것을 더욱더 깨닫게 되었습니다. 하나님께서 죄인을 그의 팔로 안으시고 그의 사랑으로 면류관을 씌우셨다는 것을 그는 한순간도 잊을 수가 없었던 것입니다.

우리가 지금 막 인용한 그 본문들을 바울이 자기가 날마다 지은 죄들을 고백하는 것으로 보는 사람들이 간혹 있습니다. 그러나 주위의 문맥에 비추어 조심스럽게 본문들을 읽어 보기만 해도, 그런 이해는 거의 설득력이 없다는 것을 금방 알 수 있습니다. 그 본문에는 그보다 훨씬 더 깊은 의미가 있습니다. 그 본문들은 신자에게서 영원토록 지속될 어떤 의식을 가리킵니다. 곧, 구속함을 받은 자가 어린 양의 피로써 죄를 깨끗이 씻은 자로서 하나님의 보좌 앞에 머리를 조아리며 갖는 겸손의 자세를 깊은 놀라움과 경외로써 표현하고 있는 것입니다.

신자는 절대로, 절대로, 심지어 영광 중에서라도, 구속함을 받은 죄인 이외에 아무것도 아닌 것입니다. 하나님의 자녀는 이 땅에서 사는 동안 하나님의 사랑의 충만한 빛을 누리는 동안 단 한순간도, 자기가 구원함을 받아 벗어난 그 죄야말로 하나님의 은혜로 약속된 그 모든 것들을 대하면서 자기가 가져야 할 유일한 권리요 칭호라는 것을 깨닫지 않을 때가 없는 것입니다.

하나님의 자녀가 처음 죄인으로서 가졌던 겸손은, 그가 하나의 사람으로서도 그 겸손이 얼마나 합당한지를 배우면서 새로운 의미를 갖게 됩니다. 그렇게 되면, 그 다음부터는 계속해서 그가 사람으로 출생할 때에 지녔던 그 겸손이 바로 하나님의 놀라우신 구속의 사랑의 증표라는 것을 기억하게 되어 가장 깊고 풍성한 찬송이 거기서 나타나게 되는 것입니다.

사도 바울의 이러한 표현들이 우리에게 가르쳐 주는 진정한 의미는, 그가 그리스도인의 여정을 지나는 동안 한 번도 죄의 고백 같은 것을 하는 것을 볼 수 없다는 엄청난 사실을 볼 때에 더욱 강하게 드러납니다. 자기의 개인적인 심정을 지극히 강렬하게 토로하는 서신서에서조차도 그가 자신의 죄를 고백하는 것은 볼 수 없습니다. 그 어느 곳에도 자기의 결점이나 부족한 점에 대한 언급을 볼 수 없고, 독자들에게 자기가 의무를 소홀히 했거나 완전한 사랑의 법을 거슬러 죄를 범했다는 식으로 암시하는 것도 없습니다.

오히려 정반대로, 하나님과 사람 앞에서 흠 없는 삶을 살아온 사실에 호소하는 것이 아니고는 아무런 의미도 없는 그런 언어로 그가 자기 자신을 변호하는 경우가 오히려 많이 나타나고 있습니다. “우리가 너희 믿는 자들을 향하여 어떻게 거룩하고 옳고 흠 없이 행한 것에 대하여 너희가 증인이요 하나님도 그러하시도다”(살전 2:10); “우리가 세상에서 특별히 너희에 대하여 하나님의 거룩함과 진실함으로 행하되 육체의 지혜로 하지 아니하고 하나님의 은혜로 행함은 우리 양심이 증언하는 바니 이것이 우리의 자랑이라”(고후 1:12). 이것은 하나의 이상이나 바람이 아닙니다. 오히려 사도 바울이 실제로 살아온 바를 근거로 호소하는 것입니다. 이처럼 죄에 대한 고백이 없다는 것을 어떻게 이해하든, 이것이야말로 성령의 능력 가운데 사는 삶의 모습이라는 것을 우리 모두 인정할 것입니다. 그런데, 오늘날에는 이런 삶을 실현하거나 기대하는 경우가 거의 없는 것이 사실입니다.

제가 여기서 강조하고 싶은 점은 이것입니다. 곧, 그런 죄를 짓는 것에 대한 고백이 없다는 사실 그 자체가, 깊은 겸손의 비결을 날마다 죄를 짓는 데서 찾아서는 안 된다는 진리에 더 큰 힘을 실어 준다는 점입니다. 깊은 겸손의 비결은 오히려 더욱 풍성한 은혜가 더욱 분명하게 살아 있도록 만들어 주는 그런 습관적인 삶에, 단 한순간이라도 자기의 위치를 잊지 않는 거기에 있는 것입니다. 최고의 기쁨을 누리면서도 자기가 은혜로 말미암아 구원함을 받은 죄인들임을 고백하는 그런 사람의 위치가 바로 우리가 서 있어야 할 진정한 자리이며, 그것이야말로 유일한 축복의 자리요 또한 하나님 앞에서 영구한 우리의 자리인 것입니다.

과거에 그렇게 처절하게 죄를 지었다는 깊은 기억과 더불어서, 죄의 어두운 음흉한 권세가 항상 들어올 준비를 하고 있다는 기억이 사도 바울에게 항상 있었습니다. 그러한 죄의 권세를 막는 유일한 방법은 그의 속에 계시는 그리스도의 임재와 능력밖에는 없었습니다. 그는 "내 속 곧 내 육신에 선한 것이 거하지 아니하는 줄을 아노니"(롬 7:18)라고 합니다만, 이는 육체를 목적으로 삼는 상태를 말씀하는 것입니다.

그러나 동시에 그는 "그리스도 예수 안에 있는 생명의 성령의 법이 죄와 사망의 법에서 나를 해방하였음이라"(롬 8:2)고 말씀합니다. 이처럼 영광스러운 구원이 그에게 임하였으나, 그렇다고 해서 육체가 완전히 멸절된 것도 거룩하게 성화된 것도 아닙니다. 오히려 그가 육신의 행위를 죽이는 삶을 사는 동안 성령께서 계속 승리를 주시는 것입니다.

건강이 질병을 몰아내고, 광명이 흑암을 집어삼키며, 생명이 죽음을 정복하듯이, 성령을 통한 그리스도의 내주하심이 바로 영혼의 강건함과 빛과 생명이 되는 것입니다. 그러나 이와 함께, 우리가 어찌할 수 없는 죄인으로서 항상 위험에 싸여 있다는 깨달음이 성령의 끊임없는 활동에 대한 믿음을 제어하여 더욱 성령께 의지하고자 하는 마음이 생기게 하며, 또한 믿음과 기쁨을 겸손의 시녀로 만들어 주는 것입니다. 이 겸손은 오로지 하나님의 은혜로만 사는 것입니다.

위에서 인용한 세 구절은 무엇보다도 바울에게 놀라운 은혜가 주어졌다는 것을 보여 주며, 또한 바울로서는 매 순간마다 그 은혜의 필요를 절실하게 느껴서 그로 인하여 깊이 자기를 낮추게 되었다는 것을 보여 줍니다. 그와 함께했던 하나님의 은혜가 그로 하여금 다른 사람들보다 훨씬 더 풍성하게 수고하도록 만든 것입니다. 죄인에게 베풀어진 은혜의 본질과 그 영광은 그로 하여금 측량할 수 없는 그리스도의 풍성함을 이방인들에게 전하도록 만들었습니다. 또한 그 은혜는 그리스도 예수 안에 있는 믿음과 사랑으로 풍성하게 드러났습니다. 이 은혜가 또한 바울로 하여금 자기가 한때 죄를 지은 자로서 여전히 죄를 지을 수 있다는 것을 끊임없이 강렬하게 의식하도록 만들었습니다.

"죄가 더한 곳에 은혜가 더욱 넘쳤나니"(롬 5:20)라고 말씀합니다만, 이는 은혜의 본질이 바로 죄를 제거하는 데 있으며, 또한 항상 반드시 그래야 한다는 점을 드러내 주는 것입니다. 은혜의 체험이 더욱 풍성할수록 죄인이라는 의식이 더욱더 강렬해지는 법입니다. 신자로 하여금 자기가 얼마나 추악한 죄인이었는지를 끊임없이 생각나게 해 주고, 그리하여 그를 진정으로 겸손하게 만들어 주는 것은, 죄가 아니라 바로 하나님의 은혜입니다. 나로 하여금 나 자신이 죄인이라는 것을 진정으로 알게 해 주며, 또한 그처럼 지극히 깊은 죄인의 겸손한 위치에서 항상 떠나지 않게 해 주는 것은, 죄가 아니라 바로 하나님의 은혜인 것입니다.

온갖 강한 표현들로 자기를 정죄하고 자기를 책망하며 스스로 겸손해지려고 애쓰면서도 겸손한 마음과 부드러움과 긍휼과 온유함과 오래 참음과는 스스로 여전히 거리가 멀다고 고백할 수밖에 없는 사람들이 얼마나 많은지 모릅니다. 그런 사람은 자기 자신을 깊이깊이 혐오하는 중에도 여전히 자기 자신이 자리를 차지하고 있어서 절대로 자기 자신에게서 자유롭지를 못합니다. 우리를 겸손하게 만들어 주는 것은 바로 하나님이십니다. 하나님께서 율법으로 죄를 정죄하는 것은 물론 그의 은혜로 우리를 죄 가운데서 구원하여 주심으로써 우리를 겸손하게 만드는 것입니다.

율법은 우리의 마음을 두려움에 가득 차게 만드는 데는 유용할 수 있습니다. 그러나 우리의 영혼에 따뜻한 겸손을 심어서 그것이 우리의 제2의 본성이 되게 하고, 그리하여 우리에게 큰 기쁨이 되도록 해주는 것은 오직 은혜밖에는 없는 것입니다. 아브라함과 야곱, 욥과 이사야를 낮추어서 그들로 고개를 숙이도록 만든 것은 바로 하나님께서 거룩하심 가운데 나타나심으로, 그의 은혜로 그들에게 가까이 가셔서 자기 자신을 알게 하심으로 된 것입니다.

사람의 모든 것이 되시는 창조주 하나님을, 또한 죄인들의 모든 것이 되시는 구속주 하나님을 기다리며 그를 신뢰하고 예배하며 그의 임재로 가득 차 있는 심령에게는 자기 자신을 담을 자리가 없는 법입니다. "그 날에 자고한 자는 굴복되며 교만한 자는 낮아지고 여호와께서 홀로 높임을 받으실 것이라"(사 2:17)는 약속은 오직 이런 식으로 성취될 것입니다.

하나님의 거룩하신 구속의 사랑의 충만한 빛 속에 거하는 — 그리스도와 성령을 통해서 오는 하나님의 사랑의 내주하심을 충만히 체험하는 — 죄인은 겸손해지지 않을 수가 없습니다. 죄에 사로잡히지 말고 하나님에게 사로잡히는 것이야말로 우리 자신으로부터 구원시켜 주는 것입니다.

제9장 겸손과 믿음

"너희가 서로 영광을 취하고 유일하신 하나님께로부터 오는 영광은 구하지 아니하니 어찌 나를 믿을 수 있느냐" — 요 5:44

최근 어느 강연회에서 강사가 이런 말을 하는 것을 들었습니다. 그리스도인의 고상한 삶의 축복은 마치 상점 진열대 위에 놓여진 상품들과도 같아서 그것들을 또렷이 볼 수는 있지만 다가가서 만질 수는 없다는 것입니다. 손을 뻗어서 집으면 되지 않느냐고 하면, 그 사람은 아마 "진열대의 두터운 유리가 중간에 막혀 있어서 그렇게 할 수가 없어"라고 대답할 것이랍니다. 이와 마찬가지로 그리스도인들은 완전한 평화와 안식, 또한 넘치는 사랑과 기쁨, 그리고 영구한 교제와 풍성함에 대한 약속들을 분명히 볼 수는 있지만, 중간에 무언가가 가로막고 있어서 그것을 진정 소유하게 하지는 못하는 것을 느낀다는 것입니다. 그 중간에 가로막는 것이 무엇이겠습니까? 그것은 다름아닌 교만입니다.

믿음에 대하여 주어진 약속들은 너무도 확실하며, 믿음을 가지라는 초청과 격려는 너무도 강하며, 또한 믿음의 근거가 되는 강력한 하나님의 능력은 너무도 가깝고 아낌이 없기 때문에, 믿음을 방해하지 않고서는 도저히 그 축복을 소유하지 못하도록 방해할 수가 없습니다. 위에 인용한 본문에서 예수님은 믿음을 불가능하게 만드는 것이 바로 교만이라는 사실을 우리에게 보여 주십니다. "서로 영광을 취하니 어찌 믿을 수 있느냐?"라고 하십니다. 교만과 믿음은 본질상 너무나 서로 어긋나 있어서 도저히 서로 공존할 수가 없습니다.

이런 사실을 생각해 보면, 결국 믿음과 겸손이 서로 뿌리가 같다는 것을 깨닫게 됩니다. 참된 믿음이 있는 사람은 참된 겸손도 있는 법입니다. 진리에 대해서 강한 지적인 깨달음과 확신이 있으면서도 여전히 마음속에 교만이 자리잡고 있을 수가 있습니다. 그러나 그런 것은 결코 하나님의 능력이 함께하는 살아 있는 믿음이 될 수 없는 것입니다.

과연 믿음이란 무엇인가를 잠시 생각해 봅시다. 믿음이란 결국 자기 자신의 무력함과 자신이 아무것도 아님을 고백하는 것 아닙니까? 하나님께 전적으로 굴복하고 하나님께서 일하시기를 기다리는 것 아닙니까? 믿음이란 바로 가장 낮아지는 것이 아닙니까? 우리를 하나님을 의지하는 자의 위치에 세우고, 하나님께서 은혜로 베푸시는 것 이외에 아무것도 주장하거나 요구하거나 행할 수 없는 그런 상태로 있는 것, 믿음이란 바로 이런 것이 아닙니까?

겸손이란 다름이 아니라 신자로 하여금 하나님을 전적으로 신뢰하고 살도록 준비시켜 주는 성품이요 기질인 것입니다. 자기를 주장하고, 자기의 뜻을 관철시키고, 자기를 신뢰하고 자기를 높이는 교만은 아무리 은밀하게 숨어 있다 할지라도, 그것은 자기 자신을 강화시켜 주는 일밖에는 하지를 못합니다. 그러나 자기 자신이 살아 있으면 하나님 나라에 들어갈 수도 없고, 하나님 나라의 축복을 소유할 수도 없습니다. 왜냐하면 그것은 하나님께서 취하셔야 마땅한 만유의 주재로서의 그의 본 모습을 거부하기 때문입니다.

믿음은 하늘 나라와 그 축복을 감지하고 인식하는 기관 또는 감각입니다. 믿음은 하나님께로서 오는 영광을 구합니다. 그리고 그 영광은 하나님께서 만유가 되시는 곳에서만 오는 법입니다. 우리가 우리들끼리 서로 영광을 취하는 한, 이 세상의 영광을 ― 사람들에게서 오는 존귀와 명예를 ― 구하고 사랑하고 끈질기게 보호하려 하는 한, 하나님께로서 오는 영광을 구할 수도 없고 또한 그 영광을 받을 수도 없습니다. 교만이 믿음을 불가능하게 만드는 것입니다.

구원은 십자가와 십자가에 달리신 그리스도를 통하여 옵니다. 구원은 그의 십자가의 성령 안에서 십자가에 달리신 그리스도와 교제를 나누는 것입니다. 구원이란 예수님의 겸손과 연합하는 것이요, 그 겸손에 기꺼이 참여하는 것입니다. 그러니 교만이 우리를 그렇게 사로잡고 있는데 어떻게 우리의 믿음이 연약하지 않겠습니까? 교만이 그렇게 사로잡고 있으니, 어떻게 겸손을 구원의 가장 절실하고도 복된 부분으로 깨달아서 그것을 사모하며 그것을 위하여 기도하게 될 수가 있겠습니까?

겸손과 믿음은 흔히들 알고 있는 것보다 훨씬 더 서로 밀접하게 연관되어 있습니다. 그리스도의 생애를 보십시오. 주님께서 큰 믿음이라고 칭찬하신 경우가 복음서에 두 번 나타납니다. 한 번은 백부장에게 그렇게 하셨습니다. 백부장이 "주여, 내 집에 들어오심을 나는 감당하지 못하겠사오니 다만 말씀으로만 하옵소서"라고 말하자, 예수님은 그의 이 겸손한 자세를 대하시고서 놀라시면서 "내가 이스라엘 중 아무에게서도 이만한 믿음을 보지 못하였노라"라고 하셨습니다(마 8:8, 10).

또 한 번은 가나안 여인에게 그렇게 말씀하셨습니다. 그 여인은 예수께서 자기를 개로 취급하시는 것을 개의치 않고 "주여 옳소이다마는 개들도 제 주인의 상에서 떨어지는 부스러기를 먹나이다"라고 말했습니다. 이에 주께서는 말씀하시기를, "여자여 네 믿음이 크도다!"라고 하셨습니다(마 15:27-28). 하나님 앞에 자기를 아무것도 아닌 것으로 내어놓는 그런 겸손이 또한 믿음을 방해하는 모든 장애거리를 제거시키는 것입니다. 겸손은 영혼으로 하여금, 주님을 전적으로 신뢰하지 못하여 주를 훼방하지 않을까 하는 염려를 갖게 만드는 것입니다.

형제 여러분, 거룩을 사모하여도 이루지 못하는 원인이 여기에 있는 것이 아닐까요? 우리의 헌신과 우리의 믿음이 그렇게 깊이가 없고 그렇게 단명(短命)한 까닭이 바로 이것 때문이 아닌가요? 우리는 교만과 우리 자아가 우리 속에서 어느 정도나 은밀하게 역사하고 있는지를 전연 알지 못하고 있었습니다. 그런 교만의 은밀한 활동을 몰아내는 것은 오직 하나님께서 임하셔서 그의 능하신 능력으로 역사하시는 것밖에 없다는 것도 깨닫지 못했습니다. 오직 새로운 하나님의 성품이 우리의 옛 사람을 온전히 대체하여야만 비로소 진정으로 겸손해질 수 있다는 것을 우리는 이해하지 못했습니다. 절대적이며 끊임없고 전포괄적인 겸손이 하나님께 드리는 모든 기도는 물론 사람들을 대하는 우리의 행동 하나하나에까지 다 관여하는 성품이어야 마땅하다는 것도 우리는 모르고 있었습니다. 이처럼 모든 면에 파급되는 겸손과 낮아진 마음이 없이 하나님을 믿는다거나 하나님께 가까이 간다거나 하나님의 사랑 안에 안식한다는 것은 마치 눈이 없이 보려고 하는 것이나, 숨쉬지 않고 살려고 하는 것이나 다를 바 없다는 것을 우리는 깨닫지 못한 것입니다.

형제 여러분, 하나님의 그 풍성한 축복들을 독차지하고픈 옛 사람의 교만을 우리 속에 그대로 둔 채로 하나님을 믿는다고 온갖 노력을 다 기울이는 어리석은 잘못을 계속 범해온 것은 아닙니까? 그랬다면, 믿지 못한 것이 전혀 이상한 일이 아닙니다. 방향을 바꾸어야 합니다. 무엇보다 먼저 하나님의 능하신 손길 아래서 우리 자신을 낮추기를 구하십시다. 그러면 하나님께서 우리를 높여 주실 것입니다. 예수님께서도 친히 십자가와 죽음과 무덤을 지나시면서 자기를 낮추셨고, 그 길을 통해서 하나님의 영광으로 나아가셨던 것입니다. 그러므로 그것이 우리가 가야 할 길입니다. 그리스도와 함께 또한 그리스도처럼 우리 자신을 낮추게 되도록 열심을 품고 그 일을 위해서 간절히 기도해야 하겠습니다. 하나님 앞에서나 사람 앞에서 우리를 낮추게 만드는 것은 무엇이든 다 기꺼이 받아들입시다. 이것이 하나님의 영광에 이르는 유일한 길인 것입니다.

어쩌면 한 가지 질문을 하고픈 느낌을 받으실지도 모르겠습니다. 저는 은혜를 체험했고 또한 다른 사람들에게 축복을 가져다주는 도구의 역할을 하면서도 겸손이 없는 사람들에 대해서 말씀드렸습니다. 그런데, 그 사람들이 분명 사람들에게서 오는 영광을 구하기는 했지만 그럼에도 불구하고 그들이 참되고 강한 믿음을 가진 것은 확실하지 않느냐고 묻고 싶으실 것입니다.

이에 대해서는 한 가지 이상의 답변을 드릴 수 있습니다. 그러나 우리들의 논지와 관련되는 중요한 한 가지 답변을 드린다면 이렇습니다. 그들이 어느 정도의 믿음을 갖고 있는 것은 분명합니다. 그들은 자기들이 갖고 있는 믿음의 분량에 따라서, 그리고 자기들에게 베풀어진 특별한 은사들에 따라서 다른 사람들에게 복을 가져다주는 것입니다. 그러나 바로 그 복을 가져다주는 일에서, 겸손이 없기 때문에 그들의 믿음이 역사하지 못하고 방해를 받습니다. 그리하여 그 복이 깊이가 없고 일시적인 경우가 많습니다.

그들이 자기 자신을 아무것도 아닌 존재로 여기지 않기 때문에 하나님께서 모든 일을 행하실 여지가 없기 때문입니다. 겸손이 깊을수록, 깊고도 충만한 복이 임하는 법입니다. 성령께서는 능력의 영으로

만 역사하시는 것이 아니라, 그들 가운데 하나님의 충만한 은혜로, 특별히 겸손의 은혜로 거하시기도 하십니다. 그리하여 그 은혜를 통하여 능력과 거룩과 의의 삶을 — 이것을 오늘날 거의 볼 수가 없습니다만 — 전해 주시는 것입니다.

"너희가 서로 영광을 취하고 유일하신 하나님께로부터 오는 영광은 구하지 아니하니 어찌 나를 믿을 수 있느냐?" 형제 여러분, 사람들에게서 영광을 구하고 싶은 욕망을 치료하고, 또한 그것이 이루어지지 않을 때 오는 고통과 분노와 상처를 치료하는 길은 오직 하나님께로부터 오는 영광만을 구하는 것밖에는 없습니다. 온전히 영화로우신 하나님의 영광을 여러분의 모든 것으로 삼아야 하겠습니다.

그러면 사람들에게서와 자기 자신에게서 오는 영광에서 자유로워지며 아무것도 아닌 존재가 되어도 그것으로 만족하고 기뻐할 수 있게 될 것입니다. 그러면 이러한 아무것도 아닌 상태로부터 믿음 안에서 강하게 자라나 하나님께 영광을 돌리게 될 것입니다. 하나님 앞에서 겸손으로 자신을 깊이 낮출수록 하나님께서 여러분의 믿음의 소망을 더욱더 이루어 주실 것입니다.

제10장 겸손과 자기에 대하여 죽음

"자기를 낮추시고 죽기까지 복종하셨으니" — 빌 2:8

겸손은 죽음에 이르는 길입니다. 왜냐하면 죽음을 통해서 겸손의 완전함이 최고로 증명되기 때문입니다. 겸손은 자기에 대한 죽음이라는 완전한 열매에서 활짝 피는 꽃과도 같습니다. 예수님은 죽기까지 자기를 낮추셨고, 그리하여 우리도 함께 걸어가야 할 길을 열어 놓으셨습니다. 예수님의 경우에도 그가 하나님께 끝까지 복종하고 계시며 아버지의 영광을 위하여 자기의 인간성을 포기하고 계시다는 사실을 입증할 수 있는 길은 죽음 이외에는 없었습니다.

그러니 우리의 경우도 마찬가지입니다. 겸손이 우리 자신에 대해 죽는 데까지 이어져야 마땅한 것입니다. 우리가 과연 전적으로 하나님께 우리 자신을 맡겼는가 하는 것이 이로써 입증되는 것입니다. 우리 자신에 대해 죽을 때에 비로소 우리가 타락한 옛 사람에게서 자유로우며, 하나님 안에서 생명을 누리는 길을 찾으며, 겸손이 그 호흡이요 기쁨인 그 새 사람이 완전히 탄생하게 되는 그 길을 찾게 되는 것입니다.

예수님께서 과연 어떻게 해서 부활의 생명을 제자들에게 전하셨는지를 앞에서 말씀드린 바 있습니다. 보좌에 앉으사 영광을 입으신 온유하신 주님께서 성령 강림을 통해서 친히 하늘로부터 제자들에게 임하셔서 그들 속에 거하신 것입니다. 주님은 이렇게 하실 권세를 죽음을 통해서 얻으셨습니다. 주께서 베푸시는 생명은 그 깊은 본질로 볼 때에, 죽음으로부터 비롯된 생명입니다. 죽음에 굴복하여 죽음을 통하여 얻은 생명이라는 말입니다. 제자들 속에 거하러 오신 그분은 바로 죽으셨다가 이제 영원토록 살아 계신 분이신 것입니다. 그의 삶, 그의 성품, 그의 임재는 죽음의 표적을 지니고 있으며, 죽음으로부터 얻은 생명이라는 표적을 지니고 있는 것입니다.

그러므로 제자들 속에 주께서 베푸신 생명 역시 죽음의 표적을 지니고 있는 법입니다. 죽음의 영이요 죽으신 그분의 영께서 심령 속에 거하셔서 역사하실 때에 비로소 그 주님의 생명의 능력을 알 수 있는 것입니다. 주 예수님의 죽으심의 표적들 ― 곧, 예수님을 진정으로 따르는 자들에게서도 나타나야 할 죽음의 표적들 ― 가운데 가장 첫째가는 중요한 것은 바로 겸손입니다. 그렇기 때문에 오직 겸손만이 완전한 죽음으로 이어지며, 오직 죽음만이 겸손을 완전하게 만들어 줍니다. 겸손과 죽음은 본질상 하나입니다. 겸손은 싹이요, 죽음을 통해서 그 싹의 열매가 완전하게 무르익는 것입니다.

겸손은 완전한 죽음으로 이어집니다. 겸손이란 자기 자신을 포기하고 하나님 앞에서 완전한 무(無)가 되는 것을 의미합니다. 예수님은 자기를 낮추시고 죽기까지 순종하셨습니다. 주님은 자신의 뜻을 하나님의 뜻에 온전히 맡기셨다는 최고의 완전한 증거를 죽음으로써 제시하신 것입니다. 죽음으로써 그는 자기 자신을 포기하셨고, 잔을 마시기 꺼리는 본성적인 성향까지도 버리셨습니다. 뿐만 아니라 우리의 인간성과 연합하여 지니신 생명까지도 포기하셨습니다. 그는 자기를 미혹하는 자기 자신과 죄에 대하여 죽으셨고, 그리하여 인간으로서 하나님의 완전한 생명 가운데 들어가신 것입니다. 자기 자신을 하나님의 뜻을 행하고 이루는 종 이외에는 아무것으로도 여기지 않는, 끝이 없는 겸손이 없었다면, 그는 절대로 죽지 않으셨을 것입니다.

이러한 사실은, 우리가 자주 제기하면서도 그 의미를 분명하게 깨닫는 경우가 거의 없는 다음과 같은 질문에 대해 분명한 해답을 제시해 줍니다. 곧, 어떻게 하면 나 자신에 대해 죽을 수 있는가 하는 것이 그것입니다. 여러분 자신에 대해 죽는 일은 여러분이 하는 일이 아닙니다. 그것은 바로 하나님께서 하시는 일입니다. 그리스도 안에서 여러분은 죄에 대하여 죽었습니다. 여러분 속에 있는 생명은 이미 죽음과 부활의 과정을 통과했습니다. 여러분이 죄에 대하여 정말로 죽었다는 것을 확신할 수 있습니다.

그러나, 이러한 죽음의 능력이 여러분의 성품과 행동에 충만히 드러나는 것은 성령께서 그리스도의 죽음의 능력을 부여해 주시는 정도에 따라 달리 나타납니다. 바로 여기서 가르침이 필요합니다. 그리스도의 죽으심과 충만한 교제를 갖고 자기 자신에게서 온전히 구원받으려면, 여러분 자신을 낮추어야 합니다. 이것이 여러분이 행하여야 할 의무입니다.

여러분의 어찌할 수 없는 상태 그대로 여러분 자신을 하나님 앞에 내어 놓으십시오. 여러분 자신을 죽이지 못하는 여러분의 연약함으로 진심으로 통감하십시오. 아무것도 아닌 여러분의 상태 속에 깊이 들어가 온유한 마음으로 하나님을 신뢰하고 그에게 굴복하십시오. 온갖 굴욕을 다 받아들이십시오. 여러분을 시험하고 성가시게 하는 이웃들을 여러분을 겸손하게 만드는 은혜의 수단으로 여기시고 우러러 보십시오. 형제들 앞에서 여러분 자신을 낮추는 모든 기회들을 하나님 앞에서 겸손해지도록 도움을 얻는 기회로 삼으십시오. 하나님께서 그의 성령의 권능의 힘으로 여러분 속에서 그리스도를 충만히 드러내실 것입니다.

이렇게 하여, 스스로 종의 형체를 가지신 그리스도께서 여러분 속에 진정으로 형성되며 여러분의 마음속에 거하시는 것입니다. 하나님께서 여러분이 그렇게 자신을 낮추는 것을 여러분이 전심으로 그것을 원하고 있다는 증거로 삼으실 것입니다. 또한 하나님께서는 여러분의 겸손을 그리스도께서 여러분 속에 거하시기를 간구하는 여러분의 간절한 기도로 받아들이시며, 그의 놀라운 은혜의 역사하심을 위한 여러분의 준비로 인정하실 것입니다. 겸손의 길은 완전한 죽음으로 이어집니다. 겸손이야말로 우리가 그리스도 안에서 죽었다는 것을 충만하고도 완전하게 경험하게 해 주는 것입니다.

그리고 그 다음으로, 오직 이러한 죽음만이 완전한 겸손을 이루게 합니다. 많은 사람들이 겸손해지고는 싶지만 너무 지나치게 겸손해지지 않을까 두려워합니다만, 그런 사람들이 저지르는 실수를 경계해야 합니다. 그들에게는 참된 겸손이 무엇이며 또한 어떻게 하는 것이 참된 겸손이냐에 대해 조건이나 한계들이 너무 많고, 이런저런 이유와 의문들이 많습니다. 그래서 자기 자신을 남김없이 거기에 다 맡길 수가 없습니다.

이것을 조심해야 합니다. 죽음에 이르도록 여러분 자신을 낮추십시오. 자기에 대해 죽을 때에 비로소 겸손이 완전해지는 것입니다. 더 큰 은혜를 진정으로 체험하며, 경건 생활에 더욱 전진하며, 예수님을 실제로 더 닮아간다면, 거기에는 반드시 자기 자신에 대해 죽는 것이 있어야 한다는 사실을 명심하시기를 바랍니다. 우리의 상태와 생활의 습관이 과연 어떠한지가 자기 자신에 대해 죽는 것으로 하나님과 사람 앞에 입증된다는 사실을 잊어서는 안 될 것입니다.

자기를 죽이는 삶에 대해서, 그리고 성령으로 행하는 삶에 대해서 이야기하면서도, 아무리 눈감아 주고 싶어도 자기 자신이 살아서 움직이고 있는 것이 분명히 보이는 경우가 얼마든지 가능한 것입니다. 자기 자신에 대해 죽었다는 것을 보여주는 표적으로서는 자기 자신을 무(無)로 여기며, 자기를 비워 종의 형체를 갖는 겸손 이상 확실한 것이 없습니다. 멸시를 당하시고 배척을 받으신 예수님과 교제를 나누는 일이나 그의 십자가를 지는 일에 대해서 진솔하게 많은 이야기를 하면서도 하나님의 어린 양께서 지니신 온유하고 비천하며 부드럽고 자비한 겸손을 도무지 볼 수 없는 경우가 — 그런 겸손을 구하지도 않는 경우가 — 얼마든지 있을 수 있는 것입니다.

하나님의 어린 양에게는 두 가지밖에는 의미가 없습니다. 곧, 온유함과 죽음이 그것입니다. 우리 모두 그 어린 양의 두 가지를 받아들이기를 구해야 하겠습니다. 어린 양에게는 그 두 가지가 서로 분리되어 있지 않습니다. 그러니 우리에게서도 그 두 가지가 하나가 되어야 하는 것입니다.

그런데, 이런 일을 우리가 해야 한다면, 이 얼마나 희망이 없는 일이겠습니까! 아무리 은혜의 도움이 있다 하더라도, 인간의 본성으로는 절대로 자기 본성을 극복할 수가 없습니다. 자기 자신은 절대로 자기 자신을 내어 던질 수가 없습니다. 아무리 중생한 사람이라도 말입니다!

그러나 여러분, 하나님을 찬양합시다! 그 일이 이미 이루어졌습니다. 이미 영원토록 완성되었습니다. 예수님의 죽으심이야말로 영원토록 우리 자신에 대해서 죽는 우리의 죽음입니다. 영원토록 지성소에 들어가신 예수님의 승천으로 말미암아 성령께서 임하셔서 우리에게 그 죽음의 삶을 능력으로 전해 주시며, 또한 그 능력을 바로 우리의 것으로 만들어 주시는 것입니다. 우리의 영혼이 겸손을 구하고 실천하는 가운데 예수님의 발자취를 따를 때에, 무언가가 더 필요하다는 의식이 생겨나게 됩니다. 그것에 대한 욕망과 소망이 일어나고, 믿음이 강건해지게 되고, 그리하여 예수님의 성령의 참된 충만함을 바라보고 요구하며 얻기를 배우게 되는 것입니다. 그러한 성령의 충만함이 자기와 죄에 대해 죽으신 예수님의 죽음의 충만한 능력을 날마다 유지하며, 또한 겸손을 우리 삶의 모든 영역을 지배하는 근본 정신으로 만들어 줄 수 있는 것입니다.[5]

---

5. 자기에 대해 죽는 것이나 자기의 권세에서 벗어나는 것은 우리의 본성의 능력으로 아무리 능동적으로 저항해도 불가능한 것이다. 자기에 대해 죽는 참된 방법은 인내와 온유와 겸손과 하나님께 맡기는 방법이다. 이것이야말로 자기에 대해 죽는 완전하고도 참된 길이다. 하나님의 어린 양이 무엇을 뜻하냐고 묻는다면, 그것은 인내와 온유와 겸손과 하나님께 맡김의 완전한 모습이라고 대답하지 않겠는가? 그러므로 이러한 덕을 얻기를 바라고 믿으려면 그리스도께 나아가야 하며, 그에게 우리 자신을 드려야 하고, 그리하여 그 안에서 믿음이 온전하게 되어야 한다고 말하지 않겠는가? 또한 그렇다면, 인내와 온유와 겸손과 하나님께 맡기는 가운데 잠기고 싶어하는 마음의 성향은 결국 타락한 아담에게서 물려받은 여러분의 모든 것을 진실로 포기하는 것이기 때문에, 그것은 또한 여러분이 가진 모든 것을 버리고 그리스도를 따르는 것을 의미한다. 그리고 그것이야말로 그리스도를 믿는 믿음에서 나오는 최고의 행동이다. 그리스도는 다른 곳이 아닌 바로 이것들 속에 계시는 것이다. 그 덕들이 있을 때에, 거기에 그리스도의 나라가 있고 그리스도께서 계신 것이다.

"하나님의 능력과 긍휼하심에 겸손하게 자기를 맡김으로써 자기 자신에 대해 온전히 죽기를 바라고 또한 그렇게 죽기까지는 타락한 피조물 속에 거룩하신 사랑의 영께서 거하실 수가 없는 것이다.

나는 온유하고 겸손하며 인내하고 고난당하시는 하나님의 어린 양의 공적과 그를 묵상함으로써 모든 구원을 찾는다. 오직 그분만이 내 영혼 속에 이 하늘의 덕들이 생기게 할 수 있는 능력이 있으시다. 온유하고 겸손하며 인내하시는 하나님의 어린 양이 우리 영혼 속에 탄생하지 않고서는 구원은 불가능한 것이다. 하나님의 어린 양께서 그의 온유함과 겸손함과 완전한 순종을 우리 영혼 속에 진정으로 일으키시면, 바로 그때가 사

"그리스도 예수와 합하여 세례를 받은 우리는 **그의 죽으심과 합하여 세례를 받은 줄을** 알지 못하느냐 … 이와 같이 너희도 너희 자신을 **죄에 대하여는 죽은 자요** 그리스도 예수 안에서 하나님께 대하여는 살아 있는 자로 여길지어다. … 또한 너희 지체를 불의의 무기로 죄에게 내주지 말고 오직 너희 자신을 **죽은 자 가운데서 다시 살아난 자** 같이 하나님께 드리며 너희 지체를 의의 무기로 하나님께 드리라"(롬 6:3, 11, 13).

그리스도인의 자아 의식 전체가 그리스도의 죽음을 살아 역사하게 만드는 성령님으로 물들고, 또한 그 성령으로 특징을 삼아야 하는 것입니다. 그리스도인은 언제나 자기 자신을 그리스도 안에서 죽은 자로, 또한 그리스도 안에서 죽은 자 가운데서 다시 살아난 자로, 자기 몸에 그리스도 예수의 죽으심을 짊어진 자로 하나님 앞에 드려야 하는 것입니다. 그의 삶에서 항상 두 가지 표적이 나타나야 합니다. 참된 겸손으로 예수님의 무덤에 이르기까지, 죄와 자기 자신에 대한 죽음에

랑의 영께서 우리 영혼 속에 탄생하시는 날이 된다. 어느 때든 이 일이 이루어지면, 우리 영혼은 하나님 안에서 놀라운 평강과 기쁨을 누리게 될 것이다. 그 평강과 기쁨이 얼마나 놀라운지, 그날에는 과거에 평강과 기쁨으로 여기던 모든 것이 기억조차 되지 않을 것이다.

하나님께 나아가는 이 길에는 오류가 없다. 이는 우리 구주님의 두 가지 성격 때문이다. 첫째로, 그가 하나님의 어린 양이시요 영혼 속에 있는 모든 온유함과 겸손함의 원리가 되신다는 것이요, 둘째로, 그가 천국의 빛으로서 영원한 본성을 축복하시며 그것을 천국으로 바꾸어 준다는 것이다. 온유하고 겸손하게 하나님께 순종하여 우리의 영혼이 안식하기를 바랄 때에, 그 어린 양께서 하나님의 빛으로서 기쁨으로 우리 속에 들어오신다. 우리의 어둠을 빛으로 바꾸시고 영원토록 끝이 없는 하나님의 사랑의 나라를 우리 속에 시작하시는 것이다." — 윌리엄 로.

까지 그 뿌리를 깊이 내리는 것과, 또한 부활의 능력 가운데서 머리를 예수님이 계시는 하늘로 향하는 것입니다.

신자 여러분, 믿음으로 예수님의 죽으심과 부활을 여러분의 것으로 요구하십시오. 예수님의 무덤 속에서, 여러분 자신과 그 활동으로부터의 안식 속으로, 곧 하나님의 안식 속으로 들어가십시오. 자기 자신을 아버지의 손에 맡기신 그리스도와 함께 여러분 자신을 낮추시고 날마다 하나님을 의지하는 데로 온전히 내려 가십시오. 그러면 하나님께서 여러분을 일으키시고 높이실 것입니다. 매일 아침마다, 깊고 깊은 무(無) 속에서 예수님의 무덤 속으로 잠기십시오. 그러면 날마다 예수님의 부활의 생명이 여러분 속에서 드러날 것입니다.

여러분이 진정 여러분의 출생의 권리 — 그리스도의 죽으심과 합하여 세례 받은 사실 — 를 요구했다는 사실을 기꺼이 사랑으로 기쁨으로 행하는 겸손으로 증거하시기를 바랍니다. "그가 거룩하게 된 자들을 한 번의 제사로 영원히 온전하게 하셨느니라"(히 10:14)고 말씀합니다.

그리스도의 굴욕 속으로 들어가는 영혼은 자신의 죽음을 보며 인정할 수 있는 능력을 그리스도 안에서 발견하게 됩니다. 그리고 그리스도께 배우고 그를 영접한 자로서 모든 겸손과 온유함으로 서로서로를 사랑 안에서 돕는 삶을 살게 됩니다. 그리스도의 죽음의 삶처럼, 우리의 죽는 삶도 온유와 겸손에서 드러나는 것입니다.

第11장 겸손과 행복

"그러므로 도리어 크게 기뻐함으로 나의 여러 약한 것들에 대하여 자랑하리니 이는 그리스도의 능력이 내게 머물게 하려 함이라 그러므로 내가 그리스도를 위하여 약한 것들과 능욕과 궁핍과 박해와 곤고를 기뻐하노니 이는 내가 약한 그 때에 곧 강함이라"
— 고후 12:9-10

하나님께로부터 크나큰 계시를 받은 것 때문에 바울이 자고해지지 않도록, 하나님께서는 그의 육체에 가시를 주셔서 그를 계속 겸손하게 만드셨습니다. 바울은 한때 그 가시가 없어지기를 바라서 세 차례나 주님께 그것을 없애 달라고 구했습니다. 하나님께로서 응답이 왔는데, 그런 시련이 축복이라는 것이었습니다. 그 가시로 인하여 연약함과 굴욕을 당하는 것은 바로 하나님의 은혜와 힘을 더 잘 드러내기 위함이라는 것이었습니다.

이와 함께 바울은 시련을 대하는 데 새로운 전기를 마련했습니다. 시련을 그저 참고 견디는 것이 아니라, 그것을 가장 기쁘게 자랑으로 삼았습니다. 구원해 주실 것을 구하는 대신, 그 시련 가운데서 즐거움을 누린 것입니다. 굴욕을 당하는 자리야말로 축복과 능력과 기쁨의 자리라는 것을 배운 것입니다.

사실상 그리스도인이라면 누구나 겸손을 추구하는 삶의 여정에서 이 두 가지 단계를 거치게 되어 있습니다. 처음 단계에서는 자기를 낮추는 모든 것들을 두려워하며 피하고 거기서 구원받기를 구합니다. 어떠한 희생을 무릅쓰고라도 겸손을 구하기를 아직 배우지 못하고 있는 것입니다. 겸손하라는 명령을 받아들이고 거기에 순종하기를 구합니다. 그러나 자기의 힘으로는 철저하게 거기에 실패한다는 것을 깨닫게 됩니다. 겸손을 위하여 기도하며, 때로는 아주 진지하게 기도합니다. 그러나 그의 속마음으로는 ― 물론 말로 발설하지는 않지만 ― 자기를 겸손하게 만들어주는 바로 그것들을 피하게 해 달라는 기도를 더 많이 합니다.

아직 겸손을 하나님의 어린 양의 아름다움으로, 하늘의 기쁨으로 여겨 그것을 사랑하는 단계에 이르지 못했습니다. 그래서 모든 것들을 다 팔아서라도 그것을 살 생각을 하지 못하는 것입니다. 겸손을 구하고 그것을 위해 기도를 하기는 하지만, 아직도 그 겸손이 짐이요 멍에라는 생각이 자리를 잡고 있습니다. 자기의 삶과 본성은 본질적으로 겸손해져 있으나, 그것이 아직 자기를 낮추는 일로 자발적으로 표현되지를 못하고 있습니다. 아직 겸손이 유일한 기쁨이요 즐거움이 되지를 못하고 있습니다. "나의 연약함이 무엇보다 가장 자랑스럽고, 무엇이든 나를 낮추는 것에 즐거움을 얻는다"는 말은 아직 그에게서 멀리 있는 것입니다.

그러면, 우리에게는 과연 그런 말을 할 수 있는 단계에 이를 소망이 있습니까? 예, 그렇고 말구요. 그러면 그런 단계에 이르게 해 주는 것은 무엇입니까? 바울을 그 단계에 이르게 해 준 바로 그것입니다. 곧, **주 예수님이 새롭게 드러나는 것**이 그것입니다. 하나님의 임재 외에는 아무것도 자기 자신을 드러내어 없애 버릴 수가 없습니다. 예수님의 임재가 우리 자신의 것을 구하는 모든 욕망을 없애며, 우리로 하여금 그의 충만한 나타나심을 준비시켜 주는 온갖 굴욕을 기뻐하게 해 준다는 깊은 진리에 대한 더욱 분명한 각성이 바울에게 주어진 것입니다. 우리의 온갖 굴욕들은 예수님의 임재와 능력을 체험하는 가운데서 겸손을 우리의 최고의 축복으로 선택하도록 이끌어 주는 것입니다. 바울의 이야기가 가르쳐 주는 교훈들을 배워야 하겠습니다.

우리는 믿음이 상당히 앞서 있는 신자들이요, 탁월한 교사들이요, 하늘의 체험을 지닌 사람들이면서도, 아직 자기의 연약함을 기꺼이 자랑하는 그 완전한 겸손의 교훈을 충실하게 배우지 못했을 수도 있습니다. 바울이 그랬었습니다. 자기를 높이게 될 위험이 아주 가까이 오고 있었습니다. 그러나 자기가 아무것도 아닌 존재가 된다는 것이 무엇인지를, 자기가 죽고 오직 그리스도께서 자기 속에 살아 계시도록 한다는 것이 무엇인지를, 자기를 낮추는 모든 요인들을 기쁨으로 받아들이는 것이 무엇인지를 아직 잘 깨닫지 못하고 있었던 것입니다.

그것이야말로 바울이 배워야 할 최고의 교훈이었던 것 같습니다. 자기의 연약함을 자랑할 만큼 자기를 비워서 하나님께서 만유가 되시도록 함으로써 주님을 충만히 닮아가는 것 말입니다.

신자가 배워야 할 최고의 교훈은 바로 겸손입니다. 오, 거룩에서 진보하기를 구하는 신자들이 이 사실을 잘 기억했으면 얼마나 좋을까요! 강렬한 자기 헌신과 열렬한 열심과 하늘의 체험이 있을 수도 있습니다만, 주께서 특별히 다루셔서 막아 주시지 않으면, 거기에 자기도 모르는 사이에 자기를 높이는 교만이 생겨날 수가 있는 것입니다. 그러므로, 가장 높은 거룩은 바로 가장 깊은 겸손에 있다는 교훈을 배워야 하겠습니다. 그리고 이러한 겸손은 저절로 오는 것이 아니라 우리의 신실하신 주님의 편에서 특별히 다루셔야만 얻어지는 것이라는 사실을 기억해야 합니다.

이러한 경험에 비추어서 우리의 삶을 살펴봅시다. 그리고 우리가 과연 우리의 연약함을 자랑으로 삼는지, 바울처럼 시련과 궁핍과 박해 속에서 기쁨을 찾는지를 점검해 봅시다. 그렇습니다. 동료들에게서나 원수들에게서 정당하든 부당하든 책망을 받을 때에, 다른 사람으로 인해서 곤란과 어려움을 당할 때에 과연 그것을 예수님이 우리의 모든 것이 되신다는 사실을 증명해 보이는 기회로 여기고 있는지 한 번 우리 자신에게 물어봅시다.

그럴 때야말로 우리 자신의 기쁨이나 명예는 아무것도 아니며 또한 굴욕을 당하는 것이야말로 우리의 기쁨이라는 것을 증명해 보일 수 있는 기회가 되는 것입니다. 우리 자신에게서 온전히 자유로워져서 우리에 대해 무슨 말을 하든 우리에게 무슨 일을 행하든 그 모든 것이 예수님이 모든 것이 되신다는 생각 속에서 삼켜 버린 바 된다면 그것이야말로 축복받은 것이요, 하늘의 깊고 깊은 행복인 것입니다.

바울을 책임지셨던 그 주님께서 우리도 책임지실 것을 믿고 신뢰합시다. 바울로서는 자기가 들은 그 말할 수 없는 천국의 일들보다도 더 고귀한 것이 무엇인지를 — 자신의 연약함과 낮아짐을 자랑하는 것이 가장 귀하다는 것을 — 배우도록 특별한 훈련과 특별한 교훈이 필요했습니다. 그러니 우리는 더 말할 것도 없습니다.

바울을 돌보신 하나님께서 우리도 돌보실 것입니다. 그 하나님께서 "우리가 자고(自高)해지지 않도록" 열심과 사랑으로 살피시며 돌보고 계십니다. 우리가 자고해지면 그는 우리에게 그것이 악한 것임을 깨닫게 해 주시고 거기서 우리를 구원하십니다. 시련과 연약함과 어려움 가운데서 그는 우리를 낮추십니다.

그리하여 마침내 하나님의 은혜가 전부라는 것을 배우게 되고, 우리를 낮추는 그것들을 즐거움으로 대하게 되는 것입니다. 하나님의 강함이 우리의 연약함 속에서 완전해집니다. 하나님의 임재가 우리의 텅 빈 자신을 가득 채우시고 만족을 주시며, 그 임재하심이 절대로 실패가 없는 겸손을 소유하는 비결이 되는 것입니다. 그리하여 하나님께서 우리 속에서 역사하심을 분명히 바라보면서, 바울처럼 항상 이렇게 말할 수 있게 되는 것입니다. "**내가 아무것도 아니나** 지극히 크다는 사도들보다 조금도 부족하지 아니하니라"(고후 12:11). 바울은 굴욕을 당함으로써 참된 겸손에 이르렀고, 자기를 낮추는 모든 것들에서 놀라운 기쁨과 자랑과 즐거움을 누렸던 것입니다.

"도리어 크게 기뻐함으로 나의 여러 약한 것들에 대하여 자랑하리니 이는 그리스도의 능력이 내게 머물게 하려 함이라"(고후 12:9). 겸손한 사람은 항상 있는 기쁨의 비결을 터득한 사람입니다. 자기의 연약함을 느낄수록, 더 낮게 가라앉을수록, 자기가 당하는 굴욕이 더 커질수록, 그리스도의 능력과 그의 임재가 더욱더 그의 몫이 되는 것입니다. 그리하여 "내가 아무것도 아니다"라고 고백하게 되고, 그때에 "내 은혜가 네게 족하도다"(고후 12:9)라는 주님의 말씀이 더 깊은 기쁨을 가져다주는 것입니다.

지금까지 말씀드린 모든 내용을 다음 두 가지 교훈으로 정리하고 싶습니다. 곧, 교만의 위험은 우리가 생각하는 것보다도 더 크고 더 가까이 있으며, 또한 겸손을 위한 은혜 역시 그렇다는 사실입니다.

교만의 위험은 우리가 생각하는 것보다도 더 크고 더 가까이 있습니다. 특별히 우리가 풍성한 체험을 누릴 때에 그 위험이 가장 큽니다. 온 회중이 흠모하여 그 입술에 매어달리는 위대한 설교자나 천국의 삶의 비밀을 풀어 밝혀 주는 탁월한 강사나, 복된 체험을 여러 사람들 앞에서 증거하는 그리스도인이나, 수많은 무리들에게 축복을 전하는 성공적인 전도자들이 자기도 의식하지 못하는 감추어진 위험에 얼마나 노출되어 있는지 아무도 모릅니다.

바울도 자기도 모르는 사이에 그런 위험에 처했었습니다. 예수님께서 그를 위하여 행하신 일이 우리의 교훈을 위하여 기록되어 있고, 그리하여 우리도 우리의 위험을 알고 우리의 유일한 피난처를 알 수가 있습니다. 거룩을 가르치는 교사가 자기 자신으로 가득 차 있다거나, 자기가 전하는 바를 자기는 실천하지 않는다거나, 그가 그런 축복을 받았으면서도 더 겸손하고 온유해질 줄을 모른다거나 하는 말이 더 이상 들리지 않으면 좋겠습니다. 우리가 신뢰하는 예수님, 그분이 우리를 겸손하게 만드실 수 있는 것입니다.

그렇습니다. 겸손을 위한 은혜도 우리가 생각하는 것보다 더 크고 더 가까이 있습니다. 예수님의 겸손이 우리의 구원입니다. 예수님 자신이 우리의 겸손이십니다. 우리의 겸손은 그의 보살피심이요 그의 역사하심입니다. 그의 은혜만으로도 우리는 충분히 교만의 유혹을 물리칠 수 있습니다. 그의 강하심이 우리의 연약함 가운데서 완전해질 것입니다. 여러분, 연약해지십시다. 낮아집시다. 아무것도 아닌 무(無)가 됩시다. 겸손이 우리에게 즐거움과 기쁨이 되게 합시다.

우리의 연약함 가운데서 — 우리를 낮추고 계속 낮아지게 만드는 모든 것들을 당할 때에 — 기꺼이 자랑하며 그것으로 즐거움을 삼읍시다. 그리스도의 능력이 우리에게 임할 것입니다. 그리스도께서 자신을 낮추셨으므로 하나님께서 그를 높이셨습니다. 그리스도께서 우리를 겸손하게 하시며 또한 계속 겸손한 상태에 있도록 만드실 것입니다. 우리 모두 마음속으로 거기에 동의합시다. 우리를 낮추는 모든 것들을 신뢰와 기쁨으로 받아들이십시다. 그리스도의 능력이 우리에게 임할 것입니다. 지극히 깊은 겸손이 바로 참된 행복의 비결이요, 아무것도 깨뜨릴 수 없는 기쁨의 비결이라는 사실을 깨닫게 될 것입니다.

제12장 겸손과 높아짐

"자기를 낮추는 자는 높아지리라" — 눅 14:11

"주 앞에서 낮추라 그리하면 주께서 너희를 높이시리라" — 약 4:10

"그러므로 하나님의 능하신 손 아래에서 겸손하라 때가 되면 너희를 높이시리라" — 벧전 5:6

바로 어제 저는 "이 교만을 이기려면 어떻게 해야 합니까?"라는 질문을 받았습니다만, 그 대답은 간단했습니다. 두 가지가 필요합니다. 하나님께서 여러분이 할 일이라고 말씀하시는 것을 — 여러분 자신을 낮추는 일 — 그대로 행하는 것과, 또한 하나님 자신의 하실 일이라고 말씀하시는 것을 — 여러분을 높여 주시는 일 — 하나님이 행하시도록 그를 신뢰하는 것입니다.

하나님의 명령은 분명합니다. 곧, 여러분 자신을 낮추라는 것입니다. 그러나 그렇다고 해서 여러분의 본성적인 교만을 정복하고 물리

쳐서 여러분 자신 속에 거룩하신 예수님의 낮아지심을 이루는 일이 여러분의 할 일이라는 뜻은 아닙니다. 아닙니다. 그것은 하나님이 하시는 일이요, 하나님께서 여러분을 높이셔서 사랑하시는 아들을 진정으로 닮게 하시는 일, 곧 높이는 일의 본질에 속하는 것입니다. "너희 자신을 낮추라"는 하나님의 명령의 뜻은 이렇습니다. 곧, 하나님 앞과 사람 앞에서 모든 기회를 취하여 여러분 자신을 낮추라는 것입니다. 여러분을 낮추고 끈질기게 그런 상태를 유지하십시오. 온갖 실패와 넘어짐이 있겠지만, 이 변함 없는 명령을 따라 굳건하게 나아가시기를 바랍니다. 이미 여러분 속에서 역사하고 있는 은혜를 믿고 그렇게 행하십시오. 더 많은 은혜가 주어져 마침내 승리하리라는 확신을 갖고 그렇게 행하기를 바랍니다. 마음의 교만이 생길 때에 양심에서 켜지는 경고등을 바라보기를 바랍니다.

하나님께서 여러분에게 허락하시는 모든 것을 감사함으로 받아들이십시오. 친구에게서 오는 것이든 원수에게서 오는 것이든, 자연적으로 오는 것이든, 은혜로 주어지는 것이든, 여러분 자신을 낮추어야 한다는 것을 생각나게 해 주고, 또한 그렇게 낮추도록 도와주는 것이라면 무엇이든 감사해야 할 것입니다. 겸손이 진정 모든 덕의 어머니임을 믿으시고, 하나님 앞에서 여러분이 감당해야 할 첫째가는 의무요, 또한 영혼을 지키는 영구한 안전 장치임을 믿으시기를 바랍니다. 그것을 모든 축복의 근원으로 알아서 여러분의 마음을 거기에 고정시키시기를 바랍니다.

"자기를 낮추는 자는 높아지리라"는 약속은 하나님의 약속이요 따라서 확실합니다. 하나님께서 여러분에게 요구하시는 대로 여러분 자신을 낮추어야 한다는 것을 명심하십시오. 그러면 하나님께서도 자신이 하시겠다고 약속하신 그 일을 명심하시고 행하실 것입니다. 더 많은 은혜를 주실 것이요, 정한 때가 되면 여러분을 높이실 것입니다.

하나님이 사람을 대하시는 데에는 두 가지 단계가 있습니다. 우선 **준비**의 때가 있습니다. 명령과 약속이 있어서 사람들을 더 높은 단계로 훈련시키는 것인데, 이때에는 노력과 무기력함, 실패와 부분적인 성공, 더 나은 것들에 대한 거룩한 기대들을 골고루 경험하게 됩니다. 그 다음에는 **성취**의 때가 오는데, 이때에는 믿음이 약속을 기업으로 받아 과거에 그렇게 애를 써도 얻지 못하던 것을 얻어 누리게 됩니다. 이 법칙은 그리스도인의 삶 전반에, 그리고 각양 덕을 추구하는 데에 그대로 적용됩니다.

우리의 구속에 관한 모든 일에 있어서 주도권은 하나님께서 쥐고 계십니다. 하나님께서 그의 주도권을 행사하시고 나면, 그 다음, 사람의 차례가 옵니다. 순종과 성취를 위하여 노력하는 가운데, 사람은 자기의 연약함을 알게 됩니다. 스스로 절망하는 가운데, 그는 자기 자신에 대해 죽는 법을 배우게 되고, 그리하여 자발적으로 또한 지적으로 하나님께 약속을 받기에 합당하게 됩니다. 처음 무지한 가운데 사람이 받아들인 것을 아버지께서 완전하게 하시는 것입니다. 사람이 하나님을 올바로 알고 그의 목적이 무엇인지를 온전히 깨닫기도 전에 먼저 일을 시작하신 하나님께서 마지막까지 모든 일을 이루어 가시며, 그리하여 만유 가운데 만유가 되시는 것입니다.

겸손을 추구하는 일도 이와 마찬가지입니다. 모든 그리스도인에게 하나님 자신의 보좌에서 명령이 와서 이르기를, "너희 자신을 낮추라"고 합니다. 그런데 이 명령을 듣고 신실하게 복종하려 애쓰는 자들은 고통 가운데서 두 가지를 상급으로 — 예, 그렇습니다. 상급입니다 — 받습니다.

그 한 가지는 교만이 — 자기 자신을 아무것도 아닌 것으로 여기고 절대적으로 하나님께 복종하기를 꺼려하는 마음이 — 얼마나 깊이 박혀 있는지 도무지 알 수가 없다는 것을 깨닫는 것입니다. 그리고 또 한 가지는 우리의 온갖 노력들과 하나님의 도움을 청하는 우리의 기도들이 그 간교한 괴물을 쳐부수는 데 얼마나 처절하게 무력한지를 깨닫는 것입니다. 그러므로, 자기 속에 온갖 교만의 권세가 있음에도 불구하고 하나님과 사람 앞에서 겸손히 행하며 자기의 소망을 하나님께 두고 인내하기를 배우는 사람이야말로 정말 복된 사람입니다.

우리는 인간 본성의 법칙을 알고 있습니다. 행동이 습관을 낳고, 습관은 기질을 길러내며, 기질은 의지를 형성하고, 올바로 형성된 의지가 바로 성품이라는 것을 말입니다. 은혜의 역사에서도 마찬가지입니다. 행동이 꾸준히 반복되어 습관과 기질을 낳고, 이것들이 의지를 강화시켜 가는 동안, 의지를 갖게 하고 행동하도록 역사하시는 하나님께서 그의 강하신 능력과 성령으로 역사하시는 것입니다.

회개하는 성도는 자기의 교만한 마음을 낮추어서 하나님 앞에 자기를 드리곤 합니다만, 이렇게 자기를 낮추면 하나님께서 겸손한 마음을 "더 큰 은혜로" 주시고, 예수 그리스도의 영이 그 마음을 사로잡아서 새 사람의 본성을 성숙하게 만드십니다. 그리고 이제 이런 마음속에, 겸손하고 온유하신 주님께서 영원토록 거하시는 것입니다.[6]

---

6. **최고의 비결: 겸손이 참된 기도의 영혼이라는 것.** 영혼이 새로워지기까지는, 이 땅의 모든 욕망을 비우고 하나님을 향한 습관적인 주림과 목마름으로 — 이것이 참된 기도의 자세이지만 — 서기까지는, 우리의 모든 기도들이 마치 학생들에게 주어지는 교훈과 너무나 흡사할 것이다. 기도를 하는 것은 감히 그것을 소홀히 할 수 없기 때문에 마지 못해서 하는 것이다. 그러나 실망할 필요는 없다. 다음의 권고를 그대로 따르면, 교회에 가서 마음에 있는 것보다 훨씬 더 높은 언어로 찬송을 부르고 기도를 드릴지라도 그것이 그저 입술에 발린 말과 외식이 될 위험이 없을 것이다. 이렇게 하라. 세리가 성전에 들어가듯 그렇게 교회에 가라. 세리가 감히 눈을 들어 하늘을 우러러 보지도 못하고 그저 "하나님이여 불쌍히 여기옵소서 나는 죄인이로소이다"(눅 18:31)는 말밖에 하지 못하는 그런 모습을 마음의 자세로 가져야 한다. 이러한 마음의 자세를 그대로 변함 없이 그대로 유지하라. 최소한 그렇게 되기를 소원하라. 그러면 여러분의 입에서 나오는 모든 간구가 거룩해질 것이다. 성경을 읽거나 찬송하거나 기도할 때에 여러분의 마음에서 우러나오는 것보다 더 높고 귀한 내용이 나오면, 더욱더 세리의 자세를 갖고 여러분 자신을 더 낮추는 기회로 삼으라. 그렇게 하면, 여러분의 마음에 있는 것보다 더 높고 귀한 기도와 찬송들을 행할지라도 그것으로 크게 도움을 받고 축복을 받을 것이다.

이것이 최고의 비결이다. 이 비결을 통해서, 심지 않은 곳에서 거둘 수 있도록 도움을 받을 것이며, 또한 이 비결이 여러분의 영혼에 끊임없는 은혜의 샘이 될 것이다. 여러분 속에 **이러한 겸손한 자세**를 불러일으켜 주는 것은 무엇이든 여러분에게 아주 유익한 것이다. 왜냐하면 겸손한 심령에게는 그 어떠한 것도 헛된 것이 없고 유익을 주지 못하는 것이 없기 때문이다. 겸손한 심령은 언제나 자라는 상태 속에 있다. 거기에 떨어지는 모든 것이 다 마치 하늘에서 내리는 이슬과도 같다. 그러므로 이러한 **겸손의 모습**으로 여러분을 꼭꼭 잠그라. 모든 선한 것이 그 겸손 속에 있다. 그러므로 겸손을 항상 여러분의 몸을 덮는 의복으로 삼고, 허리를 조르는 허리띠로 삼으라. 오직 겸손의 정신으로 숨을 쉬라. 겸손의 눈으로만 세상을 바라보라. 겸손의 귀로만 들으라. 그러면 교회 안에 있

주님이 보시는 앞에서 여러분 자신을 낮추십시오. 그러면 주께서 여러분을 높이십니다. 그러면 높이신다는 것은 과연 어떤 것일까요? 사람의 최고의 영광은 하나님의 영광을 받고 누리며 그것을 드러내 보이는 하나의 그릇이 되는 데 있습니다. 자기를 기꺼이 아무것도 아닌 것으로 여겨서 하나님이 만유가 되시도록 할 때에 비로소 그런 영광이 이루어지는 법입니다. 물은 항상 가장 낮은 곳으로 흐릅니다. 하나님 앞에서 사람이 자기를 낮출수록, 자기를 비울수록, 하나님의 영광의 물결이 더 빨리, 더 충만하게 흘러들어오는 것입니다.

하나님이 약속하시는 높이심은 하나님 자신과 관계 없는 어떤 외형적인 것이 아닙니다. 그런 것일 수가 없습니다. 하나님께서 주실 수 있는 것은 오직 하나님 자신뿐입니다. 하나님 자신을 더 완전하게 소유하도록 하는 것, 그것을 주시는 것입니다. 높이심이란 이 땅의 상(賞)처럼 상을 받는 행동과 필연적인 관계가 없는 임의적인 것이 아닙니다. 아닙니다. 높이심이란 본질적으로 우리 자신을 낮추는 데서 나타나는 효과요 결과인 것입니다. 그것은 하나님의 내주하시는 겸손에 대한 선물 — 하나님의 어린 양의 겸손을 닮고 소유하는 것 — 이외에 아무것도 아닙니다. 그것이 우리로 하여금 하나님의 내주하심을 더 충만하게 받기에 합당하게 만들어 주는 것입니다.

듣지 교회 바깥에 있든지, 하나님을 찬양하는 찬송 소리를 듣든지, 아니면 사람들이나 세상에게서 욕을 듣든지, 모든 것이 다 여러분의 믿음을 세워 주는 것이 되며, 모든 것이 하나님의 생명 가운데서 앞을 향하여 전진하는 데 도움을 주게 될 것이다.

"자기를 낮추는 자는 높아지리라." 예수님 자신이 이 말씀의 진리의 증거이십니다. 또한 이 말씀이 우리에게 확실히 성취될 것을 보장하시는 분도 바로 예수님이십니다. 우리 모두 예수님의 멍에를 지고 그에게 배웁시다. 예수님이야말로 마음이 온유하고 겸손하신 분이십니다. 예수님께서 우리에게 몸을 낮추셨듯이, 우리가 기꺼이 그에게 몸을 낮춘다면, 예수님께서 우리 한 사람 한 사람을 또다시 낮추셔서 우리가 예수님 자신과 똑같이 멍에를 지고 있다는 것을 깨닫게 될 것입니다. 예수님의 겸손의 교제 속에 더 깊이 들어갈수록, 그리하여 우리 자신을 낮추거나 사람들이 우리를 낮추는 것을 그대로 견디거나 하면, 우리를 높이시는 그의 성령께서, "하나님의 영광의 성령"께서 우리에게 임하심을 알게 됩니다. 영광을 입으신 그리스도의 임재와 능력이 겸손한 마음을 가진 자들에게 임하게 될 것입니다.

하나님께서 우리 속에서 그의 합당한 위치를 다시 회복하시면, 하나님께서 우리를 높이십니다. 여러분 자신을 낮추는 가운데 하나님의 영광을 여러분의 최고의 관심사로 삼으십시오. 그리하면 하나님께서 여러분의 영광을 그의 관심사로 삼으셔서 여러분의 겸손을 완전하게 하실 것이요, 여러분의 영원한 생명이 되는 그의 아들의 영을 여러분 속에 불어넣으실 것입니다. 모든 면에 파급되는 하나님의 생명이 여러분을 소유하시면, 무(無)가 되는 것만큼, 자기 자신에 대한 생각이나 소원이 없는 것만큼 자연스럽고 아름다운 것이 없게 됩니다. 모든 것이 하나님으로 가득 채워져 있기 때문입니다. "이러므로 도리어 크게 기뻐함으로 나의 여러 약한 것들에 대하여 자랑하리니 이는 그리스도의 능력이 내게 머물게 하려 함이라"(고후 12:9).

형제 여러분, 우리의 헌신과 우리의 믿음이 거룩을 추구하는 일에 거의 무용지물이었던 이유가 여기에 있지 않습니까? 믿음이라는 이름으로 행했으나 결국은 나 자신과 나 자신의 힘이 모든 일을 하려 한 것입니다. 하나님을 찾았지만, 그것은 나 자신을 위한 것이었고, 나의 행복을 위한 일이었습니다. 비록 무의식적이었지만 나의 영혼이 나 자신과 나의 행복에서 즐거움을 얻었습니다. 우리가 추구하는 거룩한 삶의 가장 근본적인 요소가 바로 겸손 — 하나님과 사람과 더불어 사는 우리의 인생 전체에 파급되는 절대적이며 영구한 그리스도를 닮은 겸손 — 이라는 것을 전혀 알지 못한 것입니다.

내가 내 자신을 잃어버리는 것은 오직 하나님을 온전히 소유할 때에만 가능한 것입니다. 햇빛 속에 작은 먼지들이 나부끼는 것이 보이는 것은 찬란하게 타오르는 태양 빛 아래 있기 때문입니다. 이와 마찬가지로 겸손은 하나님의 임재 속에 있는, 그의 사랑의 태양 빛 속에 거하는 작은 먼지에 불과한 우리의 존재인 것입니다.

"하나님이 얼마나 위대하시며
나는 또 얼마나 작은가!
그 무한한 사랑 가운데 삼키웠으니
나는 없고 오직 하나님만이 계시도다."

하나님께서 우리를 가르치사, 겸손한 것이, 그의 임재 속에서 무가 되는 것이 그리스도인의 삶의 최고의 성취요 가장 충만한 축복이라는 것을 깨닫게 되기를 바랍니다. 하나님은 우리에게 말씀하시기를, "내가 높고 거룩한 곳에 있으며 또한 통회하고 마음이 겸손한 자와 함께 있나니 이는 겸손한 자의 영을 소생시키며 통회하는 자의 마음을 소생시키려 하려 함이라"(사 57:15)고 하십니다. 우리가 바로 그렇게 되기를 바랍니다!

"오, 더 비우고, 더 낮아지며,
비천하고, 이름도 없이, 아무도 보는 이 없는 존재가 되게 하소서,
하나님께는 더 거룩한 그릇이,
그리스도로, 오직 그리스도로 가득 채워진 그릇이 되게 하소서."

겸손을 위한 기도

여기서는 이 모든 것들을 진리로 묶어 주는 한 가지 틀림없는 방법을 제시하고자 합니다. 그것은 곧, 한 달 동안만이라도 세상과 온갖 대화에서 벗어나는 것입니다. 그 한 달 동안 여러분 자신에 대해서 쓰거나 읽거나 의견을 나누지 마십시오. 여러분의 마음과 정신의 온갖 활동을 중지하십시오. 그리고 여러분의 마음으로 힘을 다하여 이 한 달 동안 할 수 있는 대로 다음과 같이 하나님께 기도하십시오. 할 수 있는 대로 자주 무릎을 꿇고 기도하십시오. 그러나 앉아 있을 때에나, 걸어갈 때에나, 서 있을 때에도 언제든지 마음속으로 이 기도를 하나님께 아뢰기를 바랍니다.

"하나님께서 주의 크신 선하심으로 저의 온갖 형태의 교만을 알게 해주시고 그것을 마음에서 제하여 주시기를 원하옵니다. 그 교만이 악령에게서 온 것이든, 제 자신의 부패한 본성에서 온 것이든 제 마음에서 완전히 제하여 주시옵소서. 하나님의 빛과 성령이 거하실 수 있게 하는 그 겸손의 깊고 깊음과 그 진리를 깨닫게 하옵소서."

마음의 가장 깊은 곳에서부터 이를 위하여 기다리며 간구하는 것 이외에 다른 모든 생각을 물리치십시오. 그리고 고통 가운데 있는 사람들이 거기서 구원받기를 위해 기도하는 것처럼 진지하고도 간절하게 기도하십시오. 이러한 기도의 자세에 진실로 여러분 자신을 드린다면, 감히 확신하건대, 막달라 마리아보다도 두 배나 많은 악령이 여러분 속에 있다 할지라도 모두 다 내어쫓김을 당할 것이며, 그리하여 여러분은 마리아와 함께 거룩하신 예수님의 발 아래 엎드려 사랑과 감사의 눈물을 흘리게 될 것입니다.

독자 여러분들께 알립니다!

'CH북스'는 기존 **'크리스천다이제스트'**의 영문명 앞 2글자와
도서를 의미하는 **'북스'**를 결합한 출판사의 새로운 이름입니다.

세계기독교고전 27

겸손

1판 1쇄 발행 2018년 2월 5일
1판 10쇄 발행 2025년 5월 1일

지은이 앤드류 머레이
옮긴이 원광연
발행인 박명곤 **CEO** 박지성 **CFO** 김영은
기획편집1팀 채대광, 백환희, 이상지
기획편집2팀 박일귀, 이은빈, 강민형, 박고은
기획편집3팀 이승미, 김윤아, 이지은
디자인팀 구경표, 유채민, 윤신혜, 임지선
마케팅팀 임우열, 김은지, 전상미, 이호, 최고은

펴낸곳 CH북스
출판등록 제406-1999-000038호
전화 070-4917-2074 **팩스** 0303-3444-2136
주소 서울시 강서구 마곡중앙6로 40, 장흥빌딩 10층
홈페이지 www.hdjisung.com **이메일** support@hdjisung.com
제작처 영신사

© CH북스 2018

※ 이 책은 저작권법에 따라 보호받는 저작물이므로 무단 전재와 복제를 금합니다.
※ 잘못 만들어진 책은 구입하신 서점에서 교환해드립니다.
※ CH북스는 (주)현대지성의 기독교 출판 브랜드입니다.

"크리스천의 영적 성장을 돕는 고전"
세계기독교고전 목록

1 **데이비드 브레이너드 생애와 일기**
조나단 에드워즈 편집
2 **그리스도를 본받아** | 토마스 아 켐피스
3 **존 웨슬리의 일기** | 존 웨슬리
4 **존 뉴턴 서한집 - 영적 도움을 위하여** | 존 뉴턴
5 **성 프란체스코의 작은 꽃들**
6 **경건한 삶을 위한 부르심** | 윌리엄 로
7 **기도의 삶** | 성 테레사
8 **고백록** | 성 아우구스티누스
9 **하나님의 사랑** | 성 버나드
10 **회개하지 않은 자에게 보내는 경고**
조셉 얼라인
11 **하이델베르크 요리문답 해설** | 우르시누스
12 **죄인의 괴수에게 넘치는 은혜** | 존 번연
13 **하나님께 가까이** | 아브라함 카이퍼
14 **기독교 강요(초판)** | 존 칼빈
15 **천로역정** | 존 번연
16 **거룩한 전쟁** | 존 번연
17 **하나님의 임재 연습** | 로렌스 형제
18 **악인 씨의 삶과 죽음** | 존 번연
19 **참된 목자(참 목자상)** | 리처드 백스터
20 **예수님이라면 어떻게 하실까** | 찰스 쉘던
21 **거룩한 죽음** | 제레미 테일러
22 **웨스트민스터 소교리문답 강해**
알렉산더 화이트
23 **그리스도인의 완전** | 프랑소아 페넬롱
24 **경건한 열망** | 필립 슈페너
25 **그리스도인의 행복한 삶의 비결** | 한나 스미스
26 **하나님의 도성(신국론)** | 성 아우구스티누스
27 **겸손** | 앤드류 머레이
28 **예수님처럼** | 앤드류 머레이
29 **예수의 보혈의 능력** | 앤드류 머레이
30 **그리스도의 영** | 앤드류 머레이
31 **신학의 정수** | 윌리엄 에임스
32 **실낙원** | 존 밀턴
33 **기독교 교양** | 성 아우구스티누스
34 **삼위일체론** | 성 아우구스티누스
35 **루터 선집** | 마르틴 루터
36 **성령, 위로부터 오는 능력** | 앨버트 심프슨
37 **성도의 영원한 안식** | 리처드 백스터
38 **웨스트민스터 소요리문답 해설** | 토머스 왓슨
39 **신학총론(최종판)** | 필립 멜란히톤
40 **믿음의 확신** | 헤르만 바빙크
41 **루터의 로마서 주석** | 마르틴 루터
42 **놀라운 회심의 이야기** | 조나단 에드워즈
43 **새뮤얼 러더퍼드의 편지** | 새뮤얼 러더퍼드
44-46 **기독교 강요(최종판) 상·중·하** | 존 칼빈
47 **인간의 영혼 안에 있는 하나님의 생명**
헨리 스쿠걸
48 **완전의 계단** | 월터 힐턴
49 **루터의 탁상담화** | 마르틴 루터
50-51 **그리스도인의 전신갑주 I, II** | 윌리엄 거널
52 **섭리의 신비** | 존 플라벨
53 **회심으로의 초대** | 리처드 백스터
54 **무릎으로 사는 그리스도인** | 무명의 그리스도인
55 **할레스비의 기도** | 오 할레스비
56 **스펄전의 전도** | 찰스 H. 스펄전
57 **개혁교의학 개요(하나님의 큰 일)**
헤르만 바빙크
58 **순종의 학교** | 앤드류 머레이
59 **완전한 순종** | 앤드류 머레이
60 **그리스도의 기도학교** | 앤드류 머레이
61 **기도의 능력** | E. M. 바운즈
62 **스펄전 구약설교노트** | 찰스 스펄전
63 **스펄전 신약설교노트** | 찰스 스펄전
64 **죄 죽이기** | 존 오웬